人生何須快進？放慢速度，悠然享受身邊的風景才是生活！

0.5倍速的生活

一本書帶你解析寬容與放手的智慧

唯有理解命運無常，才能找到人生的轉機

工作不順利、口袋不夠深、情人變心、婚姻觸礁……

日常生活老是卡關，如果不好好

放鬆自己的心，那怎麼行？

停下來喘口氣吧！

唯有放過自己，
才能真正緩解痛苦與困境。

子陽，傅世菱 著

崧燁文

目錄

目錄

前言

第一章　歷史智慧：以退為進

第二章　生活智慧：寬容與忍耐是法寶

第三章　心態智慧：笑一笑身心愉悅

目錄

第六章　管理智慧：禮賢下士，以德服人

目錄

第九章　做事智慧：三思而行，策略制勝

前言

我們每一個人都在這個社會中作為單一的個體而存在著，這也正說明了人的社會性。既然人的生存離不開社會，那麼要在這個社會中更好地生存，就要學會生存之道。人與人的生存智慧，首先就是要學會和諧。

為什麼要學會和諧？我們可以用很多理由來說明這一點：對於個人來講，和諧能夠使人左右逢源，進退自如；對於團隊來講，和諧能夠溝通意見、團結同事，成為公司的戰力；對於世界來講，和諧能夠加深理解、達成共識，化干戈為玉帛……

那麼，如何才能做到和諧呢？

其實很簡單，和諧的主旨便是有容忍之心、凡事讓三分、關鍵時刻退一步。簡言之，「忍」、「退」、「讓」亦是人生存智慧的玄機，要想打開此玄機，找到鑰匙是必然的。所以，我們只要按照和諧的主旨去做，學會生存所必須的智慧就足矣。

縱看歷史，凡成就大事者都是掌握了生存的智慧，從劉邦到曾國藩，再到現在職場中的某些大人物，雖然人與人之間不斷彼此挑戰和競爭，但我們又時時刻刻和諧與讓步。

「物競天擇，適者生存」，這是自然規律。人對於自然來說還是很渺小、很無力的，要想擁有和諧的人生，就必須學會「忍」、「退」、「讓」。古語有之：「忍一時風平浪靜，退一步海闊天空。」「小不忍則亂大謀。」……凡此種種，都意在說明「忍」、「退」、「讓」智慧的玄妙之處。要知道，忍不是弱者，讓不是輸家，退一步乃是為了進兩步。「忍」、「退」、「讓」不是三個貶義的字眼，它不僅是建構和諧的一種智慧、境界、學問，更是一種美德。

人活在這個社會中有太多的無奈，為什麼不換一種心態、換一種角度去享受生活，又何必活得那麼累呢？每個人的成長過程都是一個逐漸走向和諧的過程。年輕的時候，有「初生之犢不怕虎」的勇氣，總以為自己可以改變整個世界，可以將任何事情都掌握在自己的股掌之間。但是生活總是不斷砥礪人，它賜予你失意和悲痛，讓你一步步地改變對它的態度，消弭對它的無畏，慢慢地將你打造成成熟、理智的人。

當然，有些原則必須堅持，包括華人數千年來所崇尚的價值觀。但是，令人感到可悲的是，在現實社會裡，人們往往該堅持的並沒有堅持，不該堅持的卻反而固守不放了。其結果是，在很多事務中，有些人一直在和自己過不去，自己為難自己。因此，本書意在獻給那些曾經、或正身陷迷茫的人們，它著重向人們闡述了人們在社會生存中所必需的智慧；如何成就和諧之本，打開那些顯而未露的玄機；幫你撥開眼前的雲霧，讓你從迷茫中走出來，更加清醒地對待生活中的是是非非。

本書共分為九章，每一章都有所側重，向人們闡述了各方面生存所需的智慧。並以史為鑑，從歷史的角度向人們展示了智慧的淵源。此書結構清晰，文字洗練，語言通俗易懂，內容上將事例、說理、議論等融為一體，並汲取所有智慧之精華，加以總結，成其「智慧錦囊」。它，是一本人人必讀的智慧之書。

認真讀此書，你彷彿翻開歷史的書頁，彷彿就是在跟智者對話，讓你找到解開生存智慧的玄機的鑰匙；讓你在職場中與同事團結友愛，步步高升；讓你在家庭中與家人和睦相處，夫妻恩愛有加；讓你邁著歡快的步伐走向幸福的明天……還等什麼，此書就是你最好的選擇！

第一章　歷史智慧：以退為進

唐太宗李世民說：「以銅為鏡，可以正衣冠；以古為鏡，可以知興替；以人為鏡，可以明得失。」的確，歷史是一面鏡子，也是我們最好的學習資料。古人用他們走過的路，用一個個事實向我們展現為人處世的道理：在前進的道路上，沒有一帆風順，你要想走更長的路，那麼就要學會後退的策略。古往今來，無論是政治家還是平民百姓，都是靠著這一智慧到達巔峰的。

退一步，是為了前進十步

在競爭中，有時候為了進十步，需要先退一步，這是什麼道理呢？打個比方來說，把拳頭縮回去是為了更有力地打出去，看過拳擊比賽的人應該都會明白這個道理。同樣，在現實生活中，有時候退一步，卻能夠達到前進數步的目的，這也是我們應該學習的做事技巧。

春秋時期，晉文公重耳因為遭受陷害，被迫離開晉國，開始逃亡。在逃亡過程中，晉文公受到楚成王的厚待，當時他就承諾說，要是他當了國君，希望晉楚兩國永遠和好，但是萬一兩國開戰的話，他一定會命令晉國軍隊退避三舍（一舍為三十里），來報答楚國的恩情。當時，楚成王笑了笑，並未當真。

後來，晉文公在秦國的幫助下，回國即位。西元前六三四年，楚國藉口宋國投靠晉國為名，派成得臣率兵攻宋，宋國派人向晉國求救。晉國於是決定派兵攻打楚國的盟國曹、衛，這樣，晉楚兩國直接對上了。

這時，晉軍的力量雖稍弱於楚軍，且又遠離本國作戰，但已占領曹、衛兩國作為前進的基地，況且齊、秦已與晉國結成聯盟，因而也很有實力。當晉、楚兩軍直接相對，正要開戰時，狐偃對晉文公說：「當初您在楚國為客時，曾對楚王說，萬一交戰，晉軍一定退避三舍。現在可不能失信啊。」晉文公聽了不語，身邊的部將都紛紛反對。

狐偃又說：「成得臣雖猖狂，但楚王的恩情我們不能忘。我們退避三舍正是對楚王表示謝意，並非怕成得臣啊。」大家聽狐偃講得有道理，就同意了。

楚軍見晉退兵，以為晉軍害怕了，就在後面追。晉軍將士奉命撤退，見楚軍這樣氣盛、猖狂，不由得暗下決心，一定要打敗楚軍。晉軍一退就是九十里，紮營完，成得臣派人送的戰書也就到了。第二天兩軍對壘，都想藉此一仗置對方於死地。

晉軍「退避三舍」後，退到了衛國的城濮，這裡距離晉國比較近，後勤補給、供應方便，又便於與齊、秦、宋各國軍隊會合。因此，晉軍由劣勢變成了優勢，很快就大敗楚軍。

從上面的故事中可知，晉文公「退避三舍」並不是真正的退，而是採取的一種迂迴策略。這種策略達到了迷惑楚軍、誘敵深入、爭取輿論同情、激發晉軍士氣等多重作用，將晉軍的不利因素變為了有利因素，為奪取決戰勝利奠定了基礎。由此可知，晉文公的最終目的還是進。有時候巧用「退」的計策，反而能獲得意想不到的效果。再看下面這個故事：

戰國時候，有一次趙王派孔青帶領大軍救援稟丘。孔青是員猛將，加上足智多謀的寧越輔佐，所以趙軍一戰大敗齊軍，擊斃了齊軍統帥，並俘獲戰車兩千輛。戰場上留下了三萬具齊軍屍體，孔青決定把這些屍體封土堆成兩個大高丘，以此彰明趙國的武功。

寧越勸阻道：「這樣做太可惜了，那些屍體另有用處。我看不如把屍體還給齊國人。這樣做可以從內部打擊齊國，從而讓齊軍不再侵犯我國領土！」

「死人又不可能復活，怎麼能從內部打擊齊國呢？」孔青想不通。

寧越笑了笑說：「等齊人把屍體運回國，必然要花錢埋葬他們。這樣一來，他們國庫裡的錢財很快就會被用光，國力就會減弱，這就叫做從內部打擊他們。我聽說，古代善於用兵的人，該堅守時就堅守，該前進時就前進。我軍不如後退三十里，給齊國人一個收屍的機會。」

孔青大致明白了寧越的用意，但轉念一想，又說：「但是，齊國人如果不來收屍的話，那又該怎麼辦呢？」

「那就更好了，」寧越胸有成竹地說，「作戰不能取勝，這是他們的第一條罪狀；率領士兵出國作戰而不能使之歸來，這是他們的第二條罪狀；給他們屍體卻不收取，這是他們的第三條罪狀。老百姓將會因為這三條而怨恨齊國的高官將領。居於高位的人也就無法役使下面的人，而下面的人又不願侍奉居於上位的人，這就叫做雙重打擊齊國！」

「好，還是您技高一籌啊！」孔青終於完全理解了寧越的用心良苦。

果然不出寧越所料，齊國因此而元氣大傷，很長一段時間難以對外用兵。

寧越的主張看起來好像並不是那麼咄咄逼人，相反，似乎還有點軟弱，向齊國讓步。殊不知，這「讓步」裡面卻大有文章，表面上的退步其實換取的是更大的進步。

在戰爭中要想取得更大的勝利固然要退避三舍，以求得更多的利益，實現自己的目標。其實，我們今天在生活中又何嘗不是如此呢？要想前進，就要先做好退的準備。

智慧錦囊：

開始退讓一步，結果制勝而歸，這是得遂心願的一種智謀。實際上，有進有退，能屈能伸，這正是成功的必要條件。而那種勇往直前、有進無退的人僅僅是村夫莽漢，表面上英勇，實則是成事不足，敗事有餘。

退出競爭，坐收「漁翁之利」

「鷸蚌相爭，漁翁得利」，說得容易，但做起來卻太難了。很多人都沉不住氣，見別人爭得你死我活，就忍不住要伸手。可是，一旦時機不對，就可能使自己最終成為爭鬥的焦點，反而弄巧成拙。可見，坐收漁利並不是那麼容易的，想要吃這頓美味，還真得下一番苦工夫。

建安五年，十八歲的孫權剛剛即位，見到魯肅，詢問方略大計。魯肅道：「肅竊料之，漢室不可復興，曹操不可卒除。為將軍計，唯有鼎足江東，以觀天下之釁。規模如此，亦自無嫌。何者，北方誠多務也。因其多務，剿除黃祖，進伐劉表，竟長江所極，據而守之，然後建號帝王以圖天下，此高祖之業也。」

魯肅這番話，提出了孫吳在江東立國和發展的總戰略決策。他認為「漢室不可復興，曹操不可卒除」，具體步驟分為四步：

第一，鼎足江東，以觀天下之變。這在赤壁之戰後實現了。第二，相繼攻取荊州，盡占長江中下游地區。這在建安二十四年呂蒙襲殺關羽後也實現了。第三，建號稱帝。西元二二九年，孫權稱帝，這也實現了。第四，統一天下。最後一步，沒有實現。

孫權採用了魯肅的建議，作為基本國策。在孫劉聯盟之下，終於擊敗了曹操，形成了三國鼎立的局面。但是此後，劉備和曹操兩人鬥來鬥去，孫權一般都在旁邊觀看，在形勢有利的時候，他再動一下手。收復荊州，就是一個好例子。

在荊州問題上，孫劉兩家有著不可調和的矛盾。赤壁之戰後，兩家在荊州問題上的衝突日益激烈。後來劉備全力和曹操周旋，關羽也從荊州進攻曹操。孫權見形勢大好，就派呂蒙進攻荊州。糜芳、傅士仁叛降，關羽敗走麥城，被俘遇害，荊州遂為孫權奪去。

退出競爭，坐收「漁翁之利」

殺了關羽後，孫權意識到將面臨一場重大危機。為了防止出現蜀、魏夾擊的危險，孫權首先力求避免和劉備生死相搏，不惜屈尊下就，向劉備求和，並做出一些重大讓步：將孫夫人送回成都，縛還糜芳、傅士仁，歸還荊州，希望重新與劉備「永結盟好，共滅曹丕，以正篡逆之罪」。但劉備傷關羽被殺之痛，斷然拒絕。孫權看到與劉備的決戰已不可避免，就立即向曹丕寫表稱臣。曹丕於是派使者到東吳，封孫權為吳王，加九錫。當時許多大臣反對這樣做，但孫權不顧眾人阻撓，親率百官出城迎接魏國使者，恭順地接受了曹丕的封爵。

孫權這種策略，根本上扭轉了三國鼎立格局將被打破的局面，避免了曹、蜀聯手攻打的滅頂之災，以策略的靈活性為軍事上的勝利贏得了時間和條件。後來吳蜀夷陵之戰，陸遜大敗劉備，使蜀軍元氣大傷。而曹丕始終保持中立，未趁火打劫攻擊吳國，都是孫權善於應變的結果。

劉備死後，諸葛亮恢復了孫劉聯盟，孫權重新當上了「第三者」，坐觀諸葛亮和司馬懿互鬥。當蜀國和魏國在戰爭中逐漸削弱的時候，吳國則繼續發展且日益強大，乘機向遼東和海上發展，取得了巨大成功。

曹操說：「生子當如孫仲謀。」孫權到底有什麼本事，讓這位大奸雄刮目相看呢？其實，是孫權採取了正確的策略，不但保住了江東，而且還成了三分天下的主人。孫權給自己的定位就是「第三者」，他一般不主動攻擊別人，但是一旦他發現此事有油水可撈，他就絕不會放過。所以，三國之中，他用力最少，受益最大。

透過歷史這面鏡子，我們知道很多時候我們參與競爭，與他人爭個頭破血流，就算我們全力以赴地奮戰了，可到最後勝利的也許並不是我們，反倒是以一種平和的心態處之的人。靜觀其變，然後抓住時機，有的放矢地適時適當出手，才不勞此役。

智慧錦囊：
退出競爭，不是不競爭，而是一種取勝的迂迴之術。倘若無利可收，即使忙昏了頭到最後也只能是瞎忙，倒不如多留點時間給自己，向「漁翁」討教點經驗。

誘敵深入，方能一舉殲敵

「誘敵深入」本是軍事上的常規戰術，被人使用過無數次，結果還是有人會上當。這並不是上當者不懂兵法，實在是因為不善於掌握進退之道而造成的。而龍且就是這樣一個人，並因此死在韓信手中。韓信採用高明的謀略，以退為進，而且退得相當巧妙。讓對方在茫然不覺中被算計，甚至自動把脖子送到他的刀口上。

誘敵深入，方能一舉殲敵

韓信為了收復齊國，攻破其都城臨淄，齊王田廣逃往高密。韓信進入齊都之後，一方面出榜安民，一方面又引兵追趕田廣。齊國萬不得已，只得向項羽求救。

項羽接到齊國求救之時，正在廣武山與劉邦對峙，只得命龍且為大將，周蘭為副將，領兵二十萬救齊。龍且帶領楚軍星夜兼程，很快就與田廣在濰水東岸會師，沿岸紮營，綿延幾十里。

韓信得知龍且率兵救齊，立即報知漢王，要求調回夏侯嬰、曹參二軍，也沿著濰水岸邊紮營。韓信召集諸將聽令：「龍且是楚國名將，依仗武勇而來，只可智取，不可力敵。諸將務必聽令……」

眾將聽令，依計各去準備。

龍且也在進行軍事部署，與副將周蘭計議說：「據我所知，韓信不過是一個平庸之人。向漂母討飯吃，沒有養活自己的本領；甘心受別人胯下之辱，膽量不及眾人。這樣的人有什麼可怕的！」

周蘭說：「將軍不能這樣想。韓信自從攻下三秦以來，所遇之敵，無不望風披靡。即使霸王，也曾被他的詭計所敗。這人足智多謀、變詐莫測，將軍要提防上當，不可大意輕敵。他過去雖然受辱，那是因為他知道將來自有大用，不與小人計較，不能說他無能。」

龍且不以為然地說：「韓信雖然一向取勝，只因尚未碰上勁敵。如果碰上智勇雙全的人，他還能使用詐謀？」

龍且一副傲慢的神氣，差人到漢營下戰書，戰書略云：

楚大將軍龍且告知漢營諸將：你們應該明白，韓信用兵以來，尚未碰上勁敵。魏豹不聽周叔勸諫，喪師滅國；陳餘不聽李左車的計謀，被破數十萬趙軍；燕王膽寒而降服，貌恭而已；奪取三秦之地，偶爾勝之非戰之功！我今日奉命救齊，將與韓信決戰，不是諸國可比。你等伸著脖子受死，不要退悔！

韓信看完龍且戰書，怒氣沖天，要斬楚使。諸將力勸，韓信令杖決三十，在楚使臉上刺上「來日決戰」字樣，驅逐出營。

使者回到楚營，哭告詳細情況。龍且動了真怒，馬上就要出戰。周蘭再三勸阻，勉強過了一宿。次日兩軍對陣，韓信、龍且各出陣前。

龍且數落韓信說：「你原來是楚國舊臣，如今背主降漢，作威作福，現已占有關中大郡，你仍貪心不足，膽敢抗拒天兵，快早早下馬投降，本將免你一死。」

韓信大笑：「你們上門送死，尚且不知，還敢說大話？」

話不投機，雙方開戰。戰不多時，韓信引兵向東南奔去。

龍且笑著說：「我就知道韓信膽小如鼠！」率兵在後面緊緊追趕。

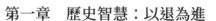

誘敵深入，方能一舉殲敵

周蘭拍馬跟著龍且，望濰水河邊而去。到了河邊，只見濰水乾涸，漢兵蹚水而過。

周蘭忙攔住龍且說：「濰水本是長流大河，如今卻乾涸無水，定是有人阻斷上游流水，我軍如果追到河中，必被漢軍放水淹溺。將軍不可追擊！」

龍且說：「韓信大敗，逃命尚且來不及，還有什麼詭計！河水本來隨著旱澇而多少，如今十二月隆冬天氣，正是水涸之時，河中自然無水，這有什麼大驚小怪的！」

漢兵紛紛擁進河中。

有人傳報：「韓信就在前面不遠！」

龍且聽說，也不多想，指揮人馬下河，盡力追趕韓信。

龍且追到中流，只見一個斗大燈球，旁邊立著一塊木牌：「吊燈球斬龍且。」

周蘭等將校齊過來觀看。

龍且說：「這一定是韓信見我大兵追趕甚急，故意設立此牌。惑亂軍心，阻止我軍。」

周蘭說：「怎能一時造出此牌？這一定是韓信誘兵之計。此處必有埋伏，故設這燈作為訊號，現將燈球砍倒，漢兵不戰自亂。」

龍且舉刀砍倒燈球，只見兩邊漢兵齊聲吶喊，濰河上游流水洶湧而來，波翻浪滾，疾如奔馬，剎那即至。楚兵正在河流中游，盡被大水淹沒。龍且聽到水聲漸近，急忙打馬前奔。龍且之馬是一匹千里馬，一躍就到了岸上。

一聲炮響，曹參、夏侯嬰引兵殺來。龍且在重圍之中左衝右突，哪裡能夠前進得了半分。慌亂之中，被曹參手起刀落斬於馬下。

韓信素知龍且驍勇非常，性急如火，先激怒他，又命漢軍在上游用沙袋壅住河水，河中以燈球為記。燈球一落，即去沙袋，放水淹殺楚軍。又在岸上埋伏大批精兵，圍剿龍且。

韓信斬了龍且，軍威大振。

齊王田廣聽到消息，心急如焚，忙與姪子田光與田橫計議說：「龍且如此驍勇也被韓信殺了！我如今勢孤力窮，豈能自保？與其束手待斃，不若乘漢兵尚未包圍城池，統領人馬進入海島避難。等待天下太平之時，看看楚漢兩家成敗，那時再另外處理。目前即使投降，韓信也不會相信。」

齊國君臣商議停當，次日清晨，打開東門，一擁而出。韓信聞知，急派大軍追趕。田廣等剛行到二十餘里，正遇夏侯嬰，攔住廝殺，活捉齊王田廣和田光，田橫不敢戀戰，殺開血路，逃往海島避難而去。

田廣被韓信斬首示眾，齊國遂定。

因龍且輕敵，才中了韓信之計，但最關鍵的還是韓信的計謀起了作用。韓信知道，敵人有變化，我方就有機會，所以要想方設法讓敵人發生變化。最後，韓信的「誘敵深入」之謀取得了成效，沒有費多大力氣，就水淹楚軍，占領了最富庶的國家。

智慧錦囊：

勇猛超群者，並不意味著就能帶兵打勝仗。作為一個將領，僅僅靠蠻力是不能取勝的。孫子兵法中對將領的要求有五條，把智也就是謀略放在了第一位，可見，頭腦還是最重要的。韓信被稱為「兵家之神」，就在於他足智多謀，先在謀略上勝過對手，所以戰必勝，攻必克。

先鬆手，再出拳，才能更好地打擊對手

精明的獵人從來都不斬盡殺絕，而是盡量給獵物留下一條活路。做人和做事，有時也要採用網開一面的策略，一手硬，一手軟，靠強硬來威嚇人，靠鬆軟來吸引人。必要時可以先鬆一下手，等時機成熟了再揮拳痛擊。這樣會使對手分化瓦解，無法頑抗。

鄭成功是民族英雄，同時也是令滿清最頭痛的一股勢力。他從來都沒有放棄過反清復明的計畫，曾多次向清政府發動進攻。有一次幾乎攻下了南京，讓清政府出了一身冷汗。

自從康熙親政，一直計畫收復臺灣，並將此列為三大政策之一。但如何收復呢？經過深思熟慮，康熙認為，不能硬攻，而要採取迂迴包圍的策略，盡可能地削弱敵人，最後不戰而屈人之兵。

鄭成功死後，由其子鄭經掌權，但鄭氏集團內部始終紛爭不斷。尤其是鄭經的伯父鄭泰家財萬貫，勢力強盛，招致心胸狹窄的鄭經疑忌。康熙三年，鄭經設計誘鄭泰至自己帳中飲酒，將其縊殺，並派兵抄其家。鄭泰之子鄭纘緒被逼無奈，率水陸各鎮官員投降清朝，鄭氏集團力量大為削弱。

康熙認為這是很好的機會，於是下令三路大軍猛撲金廈。一番激戰之後，鄭經不得已退守銅山，金、廈盡為清軍收復。

康熙希望鄭經窮困之時投降清廷，並派人四處招降，藉以擾亂鄭軍軍心，使其不戰自散。鄭經則要求像朝鮮那樣，不剃髮、不登岸才肯歸降。招撫鄭經的計畫雖告失敗，但清廷擾亂鄭氏軍心之舉卻收益頗大。

儘管鄭經拒絕投降，但康熙仍然相信，如果鬆一下手，會有很多鄭氏將領前來歸順。於是，他專門派出官員長駐福建、廣東、浙江、江蘇四省，專門針對鄭軍中下級軍官進行誘降。並且規定：不問真偽，凡海上武官率眾投降者按原銜補官；單身投降者降四級敘用，有立功者降二級敘用。為了安插降官，允許武職改授文官。

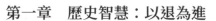

先鬆手，再出拳，才能更好地打擊對手

在清朝政府高官厚祿的誘惑下，鄭軍人心浮動，各思投身之路。康熙三年（西元一六六四年）春，鄭經將領林順，在舊友施琅致書相招下投誠。共計帶來文武官三千九百八十五人，士兵四萬九百六十二名，農夫六萬四千三百三十名，眷屬人役六萬三千餘人，大小船隻九百餘艘。鄭經見諸將紛紛叛降，自知銅山必難堅守，又恐變生肘腋，遂退居臺灣，令周全斌、黃廷二人斷後。周、黃二人不想遠離故土，至荒涼之臺灣，也歸附了清朝政府。自此，金、廈及沿海諸島盡歸清朝所有。

康熙十二年（西元一六七三年）底，三藩之亂爆發。鄭經見有機可乘，率眾攻打廈門。當時，清軍主力與吳三桂作戰，耿精忠又率主力北上江浙，鄭經遂趁機攻占了閩海、粵東沿海地區。

但由於政見不和，鄭經不與三藩配合，只是滯留於福建、廣東渾水摸魚，又不斷搶占三藩的地盤以接濟臺灣。耿精忠、尚之信因而屢次與鄭經發生衝突，但為了共同抗清，又不得不忍氣吞聲。

在此情況下，康熙決定，東南戰場上，重點打擊耿精忠，對鄭經則採用鬆一手的策略。康熙十五年（西元一六七六年）十月，清軍在福建轉入反攻。康親王傑書親率大軍自浙江入福建。耿精忠因南部有鄭經牽制，無力抵抗，被迫降清，並擔任嚮導，轉而攻

鄭。結果鄭軍全線崩潰，鄭經不得已退守廈門、金門及附近島嶼。

康熙十六年（西元一六七七年）五月，苦於水師無船，後方不穩，暫時無力渡海攻鄭。康熙指示康親王傑書，派人前往廈門招撫鄭經，希望趁鄭經新敗之機，和談會有所收穫。

但鄭經仍持前議，照朝鮮例。

八月，康親王傑書再派人去廈門見鄭經，提出可以按照朝鮮的例子辦理，每年納貢，通商貿易。但鄭經得寸進尺，要求沿海諸島也必須由鄭軍把守，糧餉由福建供給，因而談判功敗垂成，戰事又起。

鄭經手下大將劉國軒猛攻漳州，屢敗清軍，乘勝北上，包圍泉州。康熙以福建總督郎廷相指揮不力，令其單獨入京，任命姚啟聖接替他。

姚啟聖到任後，大力整頓軍務，並建立起一支足以抗衡鄭氏水軍的水師。

對鄭氏集團，姚啟聖按照康熙的安排，注重策反、招降工作。其方法多種多樣，並規定文官照原銜報部補官，武官一律保留現職。士兵及平民願入伍者立即收入軍營，並領取軍餉，願回鄉者送回原籍安插。對屢次逃走而回來者一樣對待，不加追問。

如此一來，效果尤其顯著。一時間，鄭軍紛紛來降。

康熙在招降鄭軍的同時，還讓姚啟聖利用反間計，擾亂鄭氏後方。他派人攜帶重金

先鬆手，再出拳，才能更好地打擊對手

潛入鄭軍，廣散謠言，以引起鄭軍內部自相猜疑。而對鄭經派來的間諜，不僅不究，反誘以厚利，為我所用。以上措施，效果顯著。

對於姚啟聖的招撫，康熙給予了大力的支持。這樣，沒過多久，姚啟聖便充實了清軍實力，穩定了民心，大大削弱了對手。使得清軍逐漸擺脫被動局面，轉入了反攻。

經過了八年之久的金廈拉鋸戰，鄭經的勢力遭受沉重打擊，僅率千餘人逃回臺灣。清軍則在戰鬥中重建了水師，並在實戰中鍛鍊了海戰能力。

收復的條件日益成熟，康熙也在掌握準備。

康熙十九年（西元一六八〇年），三藩之亂已近尾聲。康熙毅然任用熟悉臺灣情況、善於海戰的施琅為福建水師提督。在施琅離京之前，康熙特在內廷予以召見，激勵他說：「平海之議，唯汝於同，願勞力無替朕命。」表示了對其高度信任。

施琅抵達廈門，經過精心準備，拉開了武力攻臺的大幕。

同年六月二十二日，澎湖大決戰爆發。施琅分主力為三股進攻，戰鬥自上午七時一直持續到下午四時，炮火矢石交攻如雨，煙焰蔽天。清軍的「五梅花」戰術大顯神威，鄭軍被擊沉，毀戰船百餘艘，只剩下三十餘艘戰船逃回了臺灣。

康熙聞報大悅，遂將所穿之衣賞賜施琅，並作詩以示嘉獎。

澎湖大捷，鄭軍主力盡失。此時鄭經已死，由小兒子鄭克塽即位，鄭氏政權人心浮動。康熙乘機派人到臺灣傳諭招撫。軟硬兼施之下，鄭克塽等人走投無路，只得投降，不再堅持固守臺灣。臺灣納入了清朝的版圖。

「軟硬兼施，鬆手揮拳」。康熙經常採用這一變幻莫測的手段，其中收復臺灣的時候應用得最為成功。他勇於用人，果斷決策，充分利用了有利的時機。但最重要的是，他採取了軟硬兼施的謀略智慧，一手打，一手撫，該鬆的時候就鬆手。透過招撫誘降，大大削弱了鄭氏集團的力量，取得了事半功倍的效果。

康熙在收復臺灣時所用的手段值得我們每一個人學習，有時候，我們在做事時，之所以只差那麼一點就要成功了，可最後卻還是眼睜睜地看著就要到手的東西成為他人的囊中之物，就是因為我們沒有控制好自己。學點康熙的「鬆手揮拳」之術，在處世為人之道上，我們定會所向披靡。

智慧錦囊：

一張一弛，張弛有度，不但能更好地控制自己，而且也是掌握所成之事命脈的根本。因為只有控制好了自己該鬆還是揮的拳頭，才能將對手玩弄於股掌之間。

鋒芒不可太過，多給自己留點餘地

俗話說：「花要半開，酒要半醉。」凡是鮮花盛開嬌豔的時候，不是立即被人採摘而去，就是衰敗的開始。因此作為一個人，尤其是一個有才華的人，雖然可以稍露鋒芒，但鋒芒又不能太過。凡事不要太張狂、太咄咄逼人，而要養成謙虛讓人的美德。只要掌握好了這個原則，就能有效地保護自己，還可以充分發揮自己的才華。

鋒芒太過而惹禍上身的典型，莫過於為極人臣而功高震主者。

打江山時，各路英雄會聚在一個主子麾下，鋒芒畢露，一個比一個有能耐。主子當然需要借這些人的才能，從而實現自己圖霸天下的野心。但天下已定，這些虎將功臣的才華不會隨之消失，這時他們的才能成了皇帝的心病，讓他感覺受到威脅。所以屢屢有開國初期斬殺功臣之事，所謂「卸磨殺驢」是也。韓信被殺，明太祖火燒慶功樓，無不如此。

《三國志》記載，劉備臨終時，阿斗尚幼，劉備當著群臣的面對諸葛亮說：「如果這小子值得輔佐，就好好輔佐他；如果他不是當君主的料，你就自立為君算了。」諸葛亮頓時冒了虛汗，手足無措，哭著跪拜於地說：「臣怎麼能不竭盡全力，盡忠貞之節，一直到死不鬆懈呢？」說完，叩頭流血。

劉備再仁義，也不至於把國家讓給諸葛亮，他說讓諸葛亮為君，怎麼知道沒有殺他的心思呢？因此，諸葛亮一方面行事謹慎，鞠躬盡瘁，一方面則長年征戰在外，以防授人「挾天子」的把柄。而且他鋒芒大有收斂，故意顯示自己老而無用，以免禍及自身。這是韜晦之計，收斂鋒芒是諸葛亮的聰明之處。

你不露鋒芒，可能永遠得不到重任；然而你鋒芒太露卻又易招人陷害。雖容易取得暫時成功，卻為自己掘好了墳墓。當你施展自己的才華時，也就埋下了危險的種子。所以才華顯露要適可而止，更不要居功自傲。

有了功勞更要謙虛一點，不要驕傲自大，不要把功勞獨占，以免引起別人疑忌，其實古人頗懂這一套。

郭解，是西漢的一位俠客，為人行俠仗義，在當時很有聲望。有一次，洛陽某人因與他人結怨而心煩，多次央求地方上的、有名望的人士出來調停，對方就是不給面子。後來他找到郭解門下，請他來化解這段恩怨。

郭解接受了他的請求，親自上門拜訪委託人的對手，說服一番，好不容易使這人同意和解。照常理，郭解此時不負人所託，完成這一化解恩怨的任務，可以走人了。可郭解還有高人一著的棋，有更技巧的處理方法。

鋒芒不可太過，多給自己留點餘地

一切講清楚後，他對那人說：「這個事，我聽說當地許多有名望的人也來調解過，但都沒有調解成。這次我很幸運，你也願意給我面子，我把這件事解決了。但我畢竟是個外地人，占這份功勞恐怕不好。本地人出面不能解決的問題，由我這個外地人來解決了，未免會使本地那些有頭有臉的人感到丟臉啊。」

那人問：「依先生之見，又該如何呢？」

郭解笑了笑，說：「這件事這麼辦：請你再幫我一次，從表面上讓人以為我沒辦成，等我明天離開此地，本地幾位有頭有臉的人物還會上門，你把面子給他們，算是他們調解成的，好不好？拜託了！」那人恍然大悟，對郭解更是佩服得五體投地。

郭解很懂得照顧別人的面子，因為他知道，那些當地的領頭人物是愛面子的人。如果得罪了他們，以後還怎麼在這裡混？所以自己還是當個幕後英雄，成全他們的美名為妙。

王守仁和龔遂在處理自己的功勞時也是很懂得把功勞讓給別人，而給自己留下餘地的高手：

明朝的王守仁平定了寧王朱宸濠的叛亂以後，漢奸江彬等人嫉恨他的功勞，散布流言蜚語說：「王守仁以前是與朱宸濠同謀的，等到已經聽說各路大軍開始征伐了，才擒拿了朱宸濠以自脫。」

王守仁聽了這種傳說，於是把朱宸濠交給了一起參戰的張永，使皇帝能夠親獲朱宸濠，滿足自己御駕親征、生擒逆首的虛榮心。後來張永也在皇帝面前極力稱讚王守仁的赤膽忠心和謙遜讓功的美德，皇帝明白了事情的真相，於是赦免了王守仁。

龔遂是漢宣帝時代一名循良能幹的官吏。當時渤海一帶災害連年，百姓不堪忍受飢餓，紛紛聚眾造反。當地官員鎮壓無效，束手無策，宣帝派龔遂去任渤海太守。龔遂輕車簡從來上任，安撫百姓，與民休息，鼓勵農夫墾田種桑。對於那些心存戒備，依然持刀帶劍的人，他勸道：「為什麼不把劍賣了去買頭牛，做點正業呢？」

經過幾年的治理，渤海一帶社會安定，百姓安居樂業，溫飽有餘，龔遂名聲大振。於是，漢宣帝召他還朝。龔遂有一個屬吏王先生，請求隨他一同去長安，說：「我對你會有好處的！」其他屬吏卻不同意，說：「這個人，一天到晚喝得醉醺醺的，又好說大話，還是別帶他去為好！」

龔遂說：「他想去就讓他去吧！」到了長安後，這位王先生還是終日沉溺在醉鄉之中，也不見龔遂。可有一天，當他聽說皇帝要召見龔遂時，便對看門人說：「去將我的主人叫到我這裡來，我有話要對他說！」一副醉漢狂徒的模樣，龔遂也不計較，還真來了。

王先生問：「天子如果問大人如何治理渤海，大人當如何回答？」

龔遂說：「我就說任用賢才，使人各盡其能，嚴格執法，賞罰分明。」

這位王先生連連擺頭道：「不好，不好！這麼說豈不是自誇其功嗎？請大人這麼回答：『這不是小臣的功勞，而是天子的神靈威武所感化！』」

龔遂接受了他的建議，按他的話回答了漢宣帝，宣帝果然十分高興，便將龔遂留在身邊，加官晉爵。

還有一個例子：

唐朝元和年間，大將李愬平定了蔡州叛亂，將叛將李元濟活捉，為國家立了大功。他的上司、招討使裴度來淮西檢查工作，李愬讓軍隊列隊整齊，十分莊嚴地出城迎接，他還跪拜於道路邊。裴度正想謙恭避讓，但李愬阻止說：「蔡州人野蠻蠻橫，不知道尊卑之節、上下之禮已經有幾十年了。請裴公藉此機會讓他們看一看，讓他們了解朝廷的尊嚴。」裴度這才接受了李愬的大禮。

李愬立了大功以後，態度謙虛，心裡時時惦記著主管，主管能不喜歡這樣的下屬嗎？

這也是一個亙古不變的道理，無論你多麼有才，取得了多麼卓越的成就，你都要知道，你是在主管所領導的圈子內取得成就的，你始終不能脫離這個圈子。

智慧錦囊：

古語云：「木秀於林，風必摧之。」當你志得意滿時，切不可趾高氣揚，不可一世，否則你不被別人當靶子打才怪呢！古往今來多少能人志士，因為其才能出眾、行為脫俗，招來別人的嫉恨和陷害，甚至賠了身家性命。所以，無論你有怎樣出眾的才智，但一定要謹記：不要把自己看得太了不起，不要把自己看得太重要，也不要把自己看成是救國濟民的聖人君子。做人嘛，還是謙虛一點的好。試想，如果不能安身立命，還如何談得上齊家治國平天下呢？明哲保身，功成身退，就是辨別事物或微妙、或明顯的變化。洞察時局，深謀遠慮，在災難降臨之前有所防範。

劍太剛易折，「柔道」才是制勝法寶

「柔道」是一種為人處世的方法，它和虛偽、狡詐有本質的區別。為人處世，要善於用柔，以柔克剛是一種策略，更是一種智慧。

歷史上有許多以「柔道」處世，以「柔道」治國的成功事例，早已證明「柔道」比「剛道」更加行之有效。「柔道」事半功倍、為利久遠，這一點更是「剛道」所遠遠不及的。

劍太剛易折，「柔道」才是制勝法寶

劉秀認為「柔能制剛，弱能制強」，他多以寬柔的「德政」去收攬軍心，很少以刑殺立威，這一點，在收編銅馬起義軍將士時表現得最為突出。

當時，銅馬起義軍向劉秀投降，劉秀就「封其渠帥，為列侯」，但劉秀的漢軍將士對起義軍很不放心，認為他們既屬當地軍眾，又遭攻打殺掠，恐怕不肯輕易歸附。銅馬起義軍的將士也很不安，擔憂不能得到漢軍的信任而被殺害。在這種情況下，劉秀竟令漢軍各自歸營，自己一個人騎馬來到銅馬軍營，幫他們操練軍士。銅馬將士議論說：「蕭王（劉秀）如此推心置腹地相信我們，我們怎能不為他效命呢？」劉秀直到把軍士操練好，才把他們分到各營。銅馬起義軍受到劉秀的如此信任，都親切地稱他為「銅馬帝」。

在消滅王郎以後，軍士從王郎處收到了許多議論劉秀的書信，如果究查起來，會引起一大批人逃跑或者造反。但劉秀根本連看都沒看，命令當眾燒掉，真正達到了「令反側子自安」的效果，使那些忐忑不安的人下定決心跟劉秀到底。

西元二十五年，劉秀勢力十分強大，又有民眾自關中捧赤伏符來見，說劉秀稱帝是「上天之命」，劉秀便在諸將的一再請求下稱帝。年號建武，稱帝之後，便和原來的農夫起義軍爭奪天下，此時，他仍貫徹以柔道治天下的思想，這對他迅速取得勝利達到了很大的作用。

劉秀輕取洛陽就是運用這一思想的成功範例。當時，洛陽城池堅固，李軼、朱鮪擁兵三十萬，劉秀先用離間計，讓朱鮪刺殺了李軼，後又派人勸說朱鮪投降。但朱鮪因參與過謀殺劉縯，怕劉秀復仇，猶豫不決。劉秀知道後，立即派人告訴他說：「舉大事者不計小怨。」朱鮪若能投降，不僅不加誅，還會保其現在的爵位，並對河盟誓，絕不食言。朱鮪投降後，劉秀果然親為解縛，以禮相待。

西元二十七年，赤眉軍的樊崇、劉盆子投降，劉秀對他們說：「你們過去大行無道，所過之處，老人弱者都被屠殺，國家被破壞，水井爐灶被填平。然而你們還做了三件好事：攻破城市、遍行全國，但沒有拋棄故土的妻子；第二件是以劉氏宗室為君主；第三件事尤為值得稱道，其他賊寇雖然也立了君主，但在危急時刻都是拿著君主的頭顱來投降，唯獨你們保全了劉盆子的性命並交給了我。」於是，劉秀下令他們與妻兒一起住在洛陽，每人賜一套宅屋，兩頃田地。就這樣，劉秀總是善於舉出別人的優點，加以褒揚。

劉秀極善於調解將領之間的不和情緒，不讓他們相互爭鬥，更不偏袒誰。賈復與寇恂有仇，大有不共戴天之勢，劉秀則把他們叫到一起，居間調和，善言相勸，使他們結友而去。對待功臣，他毫不遺忘，而是待遇如初。征虜將軍祭遵去世，劉秀悼念尤勤，

劍太剛易折，「柔道」才是制勝法寶

甚至其靈車到達河南，他還「望哭哀慟」。中郎將來歙征蜀時被刺身亡，他竟乘著車子，帶著白布，前往弔唁。劉秀的這種發自內心的真誠，確實贏得了人心。

劉秀實行輕法緩刑，重賞輕罰，以結民心。他一反功臣封地最多不過百里的古制，認為「古之亡國，皆以無道，未嘗聞功臣地多滅亡者」。他分封的食邑最多的竟達六縣之多。至於罰，非到不罰不足以懲的時候才罰；即便罰，也盡量從輕，不輕易殺戮將上。鄧禹稱讚劉秀「軍政齊肅，賞罰嚴明」，不為過譽。在歷史上，往往是「飛鳥盡，良弓藏；狡兔死，走狗烹；敵國滅，謀臣亡」，但唯獨東漢的開國功臣皆得善終，就這一點，就足以說明劉秀「柔道」治國的可取性。

劉秀在稱帝之前就告誡群臣，要「在上不驕」，做事要兢兢業業，如履薄冰，如臨深淵，日慎一日等等。在後來的歲月裡，劉秀一直始終如一地自誡誡人，這種用心良苦的告誡，雖不能從根本上改變封建官場的習氣，但畢竟起了一定的作用。當時軍中武將多好儒家經典，就是很好的證明。

以「柔」克「剛」，才能變「柔」為「剛」，否則，「剛」最終將變成碎片。

智慧錦囊：

劉秀是一位以柔開國、以柔治國的皇帝，他是能夠從始至終地貫徹「柔道」的人，不僅在為人處事上以「柔」為主，在政治、軍事等諸方面也都展現出了這種精神，應該說他是以善用「柔道」而取得巨大成功的開國皇帝。

必須指出的是，不論在歷史中還是現實中，剛者居多，柔者居少，如果能以柔為主，寓剛於柔，就可以進退自如。不要被貪婪、暴躁、逞一時之快、急功近利、目光短淺等人性中的弱點蒙蔽雙眼，而忘記使用這一方法。

第二章　生活智慧：寬容與忍耐是法寶

生活總是充滿了種種無奈和挫折，小到家庭瑣事、鄰里關係，大到事業、前途，每件事情都足以讓人嘆息不止。於是，在各種壓力面前，有人變得暴躁、易怒，有人變得異常偏激，或者意志消沉，逃避現實。其實，這些都不是正確的處世之道。面對生活，最需要的就是要學會寬容與忍耐。也許，當你在生活中打滾磨練尋求智慧時，你會驚喜地發現，原來，對於生活，寬容和忍耐才是你制勝的法寶。

處理家庭瑣事要寬容

很多人都認為，只有和外人相處時才需要講究技巧，和家人就不需要了。的確，太過講究可能有點累，已經在外面累了一天了，自然希望回到家裡能夠放鬆些。可問題是，我們與家人相處的時間多，就如牙齒和舌頭一樣發生碰撞的機會也多。而且，因為心態放鬆，往往更容易意見不合。有道是「家家都有一本難念的經」，說的就是家家都有其難處的矛盾。而且，有些「經」是家家都要念的，但儘管難念，我們也要把它念好。

・第一本難念的「經」：代溝

在家庭生活中常常遇到這種情況，有時你雖然是和親人交談，但也覺得好像在跟一個陌生人說話一樣，因為年齡和性別差異都能造成雙方的隔閡。隨著社會的迅速發展，使得兩代人的觀念、態度、行為及習慣產生了很大的差距，顯得格格不入。這種父母與子女兩代人之間，在價值觀念、心態、道德認知、行為規範、生活方式與思想習慣上的差距所形成的心理鴻溝，往往被稱為代溝。父母常抱怨現在的子女太不尊重父母，而子女也抱怨父母太不了解子女，使得原本溫馨的家庭時起爭端。

白莉已經三十歲了，她是一家公司的經理。這天是週末，她回到父母家，忙碌著為

處理家庭瑣事要寬容

一家人準備晚餐，媽媽也在廚房裡幫忙。當白莉把菜倒進鍋裡時，母親提醒說：「小莉，你放洋蔥了嗎？別總是毛毛躁躁的。」

這句無心的話，讓白莉突然感覺自己似乎又回到了被母親管教的少女時代。她轉身對著母親嚷道：「為什麼不管我做什麼，你都要在一邊責罵我呢？」

「我沒有責罵你啊，」母親莫名其妙，「我不過是問了個問題，你到底怎麼了？我是你的母親，難道我像啞巴一樣才好嗎？」

白莉的經歷在我們的生活中非常普遍：對於家人我們往往會有一種超強的「第六感」，能從他們所說的一切話語中嗅出挑剔的氣味。當家庭成員彼此交談時，他們通常會有與自己不同的理解。就拿白莉的例子來說吧，一個長大的孩子會經常將父母的提示看作指責。所以，讓我們趕緊學會與家人相處吧，不要再傷害彼此了。我們每個人都想避免家人之間的不和諧，但事實上，我們在交流過程中往往沒有把自己實際想表達的意思說清楚，甚至根本就沒有說出來。

因此，我們要學會與家人溝通的技巧。溝通是減少差距或誤解的唯一方法。溝通彷彿在兩代人中間架起了一座橋梁，不是我走過去順從你的意思，也不是你走過來順從我的意願，而是我們應該在橋的中央會面。

・第二本難念的經：家庭糾紛

與親人持有不同的意見或見解，難免會發生衝突，這種吵鬧是很平常的事情，偶爾的爭執更是家庭生活的一部分。不過，家庭的小是小非，複雜紛繁，公說公有理，婆說婆有理，也是一本難念的經。多少人由於家人沒有對其意見持贊成票便委屈之極、怒不可遏；多少人為了些原本雞毛蒜皮的小事而大罵出口，繼而摔門離去。其實，只要親人之間能夠多一些忍讓，多一些寬容，家庭糾紛就不復存在。

任何一個頭腦清醒的人只要仔細想想，就會承認，家庭之中，親人之間，所有的分歧、爭論，都是為了自家好、為了親人好，都是共同的善意動機下的不同理由，說來說去都是圍著自家轉。但偏偏就是如此簡單的道理，有的人卻一生一世都看不透、想不通。於是，持續不斷的爭吵會造成壓力，破壞家庭成員之間的關係，長久的衝突更可能導致家庭破裂。你可以透過正面的溝通方法去嘗試緩和衝突，同時亦可參考以下的解決辦法：

當你非常憤怒，甚至無法冷靜地討論時，先設法平靜自己的情緒。

想想是否值得為這個問題爭執。

提醒自己要解決衝突，而不是要勝過對方。

嘗試主動聆聽對方的意見，切勿中斷他／她的話。

誠懇、清晰、合理地說出你的立場。

別扯到不相干的事情上。

向並非家庭成員的人士傾吐（如社工、家庭輔導員）。

·第三本難念的經：家庭理財

在現代家庭中理好財，處理好跟各方親人的經濟關係，是重要的，也是最困難的。窮有窮之難，富有富之難。在今天這個商品經濟高度發展的物質社會裡，恐怕至少有百分之九十九的人都相信，自己離了錢財，簡直無法生存，而一個家如果沒有所謂「身外之物」的錢財做保障，也不能成其為家。科學地管理家庭財務，才能把日子過得遊刃有餘，既然身為家庭的一員，不分男女老幼，都有支配權和使用權。這在舊時代是無法想像的。但毋庸置疑，一個家庭，如果在經濟關係上沒有平等的權利，則家庭成員間的平等同樣是虛假的。

現代家庭，一個很大的優點，就是在經濟權利上比較和諧，不論男人女人哪一位當家，大致上都能比較民主地支配全家的財產。這一點，也是現代家庭狀況比較穩定的主要因素之一。但也有些家庭，在經濟關係方面，處於畸形狀態。

王阿姨現在就越來越煩惱：兒子大學畢業找到了一份全職工作後依然住在家裡，他的花費使她嚴格的預算越發捉襟見肘。

三個月後，王阿姨對兒子說：「我想你應該付房租給我了。」

兒子笑著回答說：「我很快就會搬走的。」

王阿姨覺得總算把這個困擾自己多時的問題說出口了，大大地鬆了一口氣。但過了一段時間，她還是沒有看到租金。又過了幾個月，她的怒氣終於爆發了。在這次爭吵中，兒子徹底明白了母親不是在跟他開玩笑，而是真的想讓他付租金。結果，惱羞成怒的兒子雖然搬出去了，與父母的關係卻越來越僵。

家庭的經濟關係，往往影響著家庭和諧。尤其是對於經濟收入不多的家庭，吃、穿都不富裕，吃既不能隨心所欲，穿又不能和別人比較。在這樣的情況下，夫疼妻愛，父慈子孝，姐謙妹讓，不但是十分有益的，而且是十分必要的。然而，真能做到勤儉持家，使人人溫飽，也不容易。特別是家中既有老人，又有孩子，房子不大，收入也不高的家庭，兒子要考大學，不多吃幾口怎麼忍心？老人身體衰弱，不先吃一口又怎麼可以？這樣左右為難，最後只好硬下心腸，先讓老人，再讓兒子，第三才是丈夫或妻子，最後的那一份才留給自己。這樣的家庭有很多。正是這種美德，使得很多家庭雖然生活清苦，卻享受著某些經濟富有、精神空虛家庭所絕對享受不到的天倫之樂。

智慧錦囊：

即使是血脈相連的　家人，如果要想和諧相處，也必須要處理好彼此之間的關係。從這一點來說，也許親情關係需要更多的經營和維護，因為我們更看重家人的感受。生活在我們身邊的親人是我們最愛的人，但我們最不懂得如何與之相處的往往也是他們，在無意與無知中，我們為自己平添了許多誤會與傷害。

要隨時為夫妻間的感情「補充營養」

年輕人談戀愛時，為了取悅對方，自然有說不盡的甜言蜜語。然而結婚後，女方有了歸宿，男方有了妻子，有些人就「返璞歸真」了，說出的話平平淡淡、沒有半點熱情。要知道，夫妻之間，「返璞歸真」可以，但夫妻間的感情不能疏於維繫。

婚姻需要感情來維持，而充滿愛意的話語是維持夫妻感情的潤滑劑。夫妻之間的情愛語言雖不如戀人之間的語言那樣濃烈，但卻如陳年老酒，甘甜醇美，回味悠長。

因此，甜言蜜語在夫妻之間不是「過去式」，而始終是「現在式」。太太哪怕對丈夫隨便來一句：「老頭子，你來！」也可以說得情真意切。處於人生青春期的小夫妻，更要用言語時時溫暖對方，多說說「我愛你」「你真好看」「你今天精神真好」「老婆，你辛苦了，這段時間我比較忙，你又帶孩子又操持家務，真不容易！」……

這些話說得好，肯定會使對方心滿意足。

與此相反，有些牙尖嘴利的妻子，總是高高在上，頤指氣使地斥責男人：「我看見你就生氣，當初嫁給你真是瞎了眼了！」把男人貶得一文不值；有些丈夫也總是用粗魯的口氣說話：「喂，飯怎麼還沒好？你做事總是這麼不可靠，娶了你，我這輩子可真是倒楣！」如果夫妻兩人都這麼說話，家庭「戰爭」肯定不可避免。

為什麼有的夫妻恩恩愛愛，有的夫妻卻整天互相嘔氣？這裡面的原因固然很多，但是，講究對夫妻感情隨時進行「保鮮」也是一個重要方面。

就像人虛弱了需要補充營養一樣，每個家庭，每對夫妻的感情也都需要補充「營養」。這些「營養」包括：被愛，被肯定，被理解，被尊重，被讚揚，被關心，被信任，被寬容等。失去這些營養，愛情就會枯萎，婚姻也將名存實亡。

※　　※　　※

有一對七十多歲的老夫妻，他們兩個人這輩子從來沒爭吵過，聽起來真讓人不敢相信。因為在大家的觀念中，夫妻之間哪有一輩子都沒有爭執的？但老爺爺的一席話道出了其中緣由：「本來嘛，兩個人能結為夫妻，就是一種緣。我不信佛，可是我還是相信人和人之間還是有緣分的。夫妻之間究竟是吵吵鬧鬧，還是平順美滿，我看主要是在『話』上。同樣是說話，可以這樣說，也可以那樣說，你說話難聽，我說的比你還難聽，這就肯定要吵架了；反過來說，你敬我一尺，我敬你一丈，人心都是肉長的，有話好好說，肯定吵不起來。」

相信「緣」，珍惜「緣分」，這也是他們兩人婚姻美滿的法寶。

當愛情之舟駛入婚姻的港灣之後，轟轟烈烈的愛情歸於平淡溫馨的家庭生活。夫妻之間雖不再把「我愛你」之類的詞語掛在嘴邊，但也沒有必要把這些話束之高閣。在某些時刻，一句深情的「我愛你」會勾起對方的美好回憶，在彼此的心中激起愛的漣漪。這對於加深夫妻感情是大有益處的。

※　※　※

要隨時為夫妻間的感情「補充營養」

有一對中年夫妻，彼此的工作都很忙，平時交談的機會不多。可是每逢晚上下班回家或休息日的時候，總要說一些情話。當他們看到劇情中男女的戀愛情節時，就會一起回憶他們相戀的美好時光，說些過去甜蜜的經歷。每逢他們的紀念日或對方的生日時，他們還會舉行一些小活動，共度歡樂時光，以此加深夫妻間的感情。

十幾年下來，夫妻間的感情越加深厚了。

夫妻之間的感情是既深刻又脆弱的，甚至往往脆弱到了不堪一擊的程度。所以，要想讓夫妻之間的感情之花越開越盛，不得不補充必要的「營養」。

智慧錦囊：

婚姻生活就像夫妻倆共同栽下的一棵樹，它不是只要種下去就會長好，還需要不斷澆水、施肥，才能長得根深葉茂。夫妻感情隨時「保鮮」並不是多餘的，它可以給平淡的生活激起一串串浪花。但現實生活中卻有許多人忽略了這一點，結果感到婚後的日子平淡無奇，少了熱情，更有甚者陷入婚姻危機。其實有時候，一句直抒愛意的「我愛你」，分別時候的一句「我想你」，對你來說可能只是張「口」之勞，可對對方來說卻是倍感溫馨。所以，千萬不要吝惜你的甜言蜜語，適時為夫妻感情「保鮮」吧，它會使你的婚姻生活更甜蜜。

調味好婚姻這道菜

夫妻生活就像一道調味菜，要鹹淡相宜才好，調味料也要放得恰到好處。太鹹則難以下嚥，太淡又沒有味道。具體來說，夫妻在生活中一定要注意以下六點：

・多一點實在，少一些虛假

對於這一點，新婚夫妻尤應注意。婚前情侶習慣於花前月下的卿卿我我，信誓旦旦。婚後情況有了變化，夫妻間甜蜜的語言、親暱的動作雖對促進夫妻關係和諧十分必要，但掌握不好，有時也會事與願違，適得其反。

丈夫對妻子說：「這部電影不錯，今晚我們一起去看好嗎？」這句實在的話語，會使妻子感到丈夫很關心她。如果丈夫對妻子說：「親愛的，這部電影你一定喜歡的，能讓我陪你去看嗎？」就容易讓妻子覺得丈夫自己想看，卻故意賣乖。如果夫妻關係緊張，這樣做只會讓妻子覺得丈夫油嘴滑舌，虛情假意。

・多一些商量，少一些命令

這種事情在生活中是常有的，如「快去買瓶醬油」或「把房間打掃一下」，這種命令式的語言毫無商量之意，只有理所當然之感。過多這樣的話語，容易引起不良後果，尤其在對方情緒不佳時，聽到這樣不順耳的話，就會成為兩人發生口角的導火線。如果多商量少命令就可以避免這種情況的發生。如果換成「能抽時間去買瓶醬油嗎？」或「等一下有空可以幫忙打掃一下房間嗎？」這樣聽起來就順耳多了。即使對方手中正忙著什麼，也會愉快地應允的。

・多一些寬容，少一些指責

夫妻在日常生活中總會有一些使對方不滿意的地方，在這種情況下，另一方應以「戀人的溫情」加以寬容，少指責。

丈夫對妻子說：「湯怎麼這麼鹹？都跟你說過多少次了，還是沒記住！」妻子忙碌了半天，不求誇讚，但也不願意聽到指責。如果這樣，妻子也馬上回敬：「怕鹹你自己煮，以後我不煮了！」「有什麼了不起！你以為是誰在養這個家？」……你一言，我一語，一頓飯弄得大家不歡而散。如果丈夫笑咪咪地對妻子說：「是不是鹹了些，再加點水好嗎？」「唉，鹽又放多了！」不但避免了一場風波，而且還達到了提醒對方的效果。

・多一些安慰，少一些嘲諷

夫妻間任何一方在生活中都難免遭到意外或不幸，在工作中難免會受到挫折。這時對方的安慰和鼓勵就十分重要了，它能給人勇氣和力量。

比如：丈夫弄丟了自行車，十分焦急懊惱。這時，妻子安慰說：「不要急，先去派出所報案，也許會找到；如果真的找不到，就用我那輛，反正我公司很近。」丈夫聽了，一定會覺得妻子通情達理，自然放心。如果妻子這時數落說：「瞧你這麼冒失，和你媽一樣，怎麼沒把你丟了呢！」丈夫本來已經懊惱不已，可妻子又火上加油，這樣將不免唇槍舌戰，大鬧一場。

・多一些信任，少一些猜疑

信任是感情的基礎，夫妻之間一旦失去信任感，必然會為幸福的婚姻生活帶來危機。妻子讓丈夫在家晒晒棉衣，下班回來一看，無晒過的跡象，便問丈夫：「你今天怎麼沒晒衣服呢？」丈夫忙了一天，已把晒好的棉衣疊好放進衣櫃了，原以為妻子會誇上幾句，聽了這話感到妻子不信任他，故而生硬地說：「你怎麼知道我沒晒？」「怎麼啦？吃錯藥啦？我不過問問，你幹嘛生氣呀？」妻子覺得委屈。「沒什麼，既然不相信我，以後你自己做！」至此，夫妻間的對話不過兩回合，可火藥味已經很濃了。這完全是不信任造成的。如果妻子換一句：「衣服晒過了吧？」丈夫應聲答道：「嗯！已經疊好放進衣櫃裡了。」這樣一來，不但達到了詢問的目的，而且也不會引起不快。

・多一些忍讓，少一些挑剔

夫妻間在日常生活中，難免會有不順心的時候，如果其中一方在外面遇到氣惱的事，回家發洩，那麼一定要彼此諒解，千萬不要互相指責說話言辭不當等。

妻子對丈夫說：「我希望你不要把臭襪子亂扔，討厭！」這時，丈夫發現妻子臉色不對，應這樣說：「你說得對，這壞習慣我一定改。」如果丈夫針鋒相對：「你以為你在跟誰說話？也不先瞧瞧你那髒透了的梳子，噁心！」如此你來我往，不難想像。若沒有一方及時脫離「戰場」，這場對話的結局將是不幸的。

當然，夫妻間要注意的方面很多，但我們只要以誠相待，注意各自修養，講究交談的藝術，就能使夫妻生活更加幸福美滿。

智慧錦囊：

婚姻這道菜，要想吃得可口，夫妻間就應該坦誠相處，做到互敬互愛，相互關照，身心相融，這樣比贈送禮物更令人高興。夫妻間多一些愛意，少一些冷漠；多一些理解，少一些埋怨；多一些信任，少一些猜疑；多一些互助，少一些指使；多一些參與，少一些旁觀；多一些協商，少一些獨斷；多一些關心，少一些責怪；多一些傾吐，少一些封閉；多一些空間，少一些干涉……這將使夫妻的愛意越來越濃，感情越來越深。在夫妻生活中，最令人動情的往往不是那些豪語壯語，誇誇其談，而是來自感情深處的愛的細節。夫妻間要經常交流和交談，讓彼此感到「我們在共同分享生活」，這樣才能促進彼此情感發展。

爭吵有「度」，和好有方

結婚過日子，離不開鍋碗瓢盆、油鹽醬醋，在瑣碎的生活中，夫妻間難免會發生爭吵。即使是最恩愛的夫妻，也不能倖免。一般口角，吵過之後也就完了。但是，如果爭吵起來不加以控制就可能火上加油，引起意想不到的後果。

所以，夫妻爭吵必須注意程度，即使在最衝動的情況下也不要喪失理智。同時，爭吵結束後，還要想辦法去「善後」——主動和好。這裡要注意以下幾點：

・爭吵要適可而止

夫妻吵架雖然難以避免，但卻要適可而止，不能火上加油，把「家庭戰爭」擴大。具體來說，爭吵中的忌諱有以下幾點：

．千萬不要彼此揭短

一般來說，夫妻雙方十分清楚對方的毛病和短處。比如：對方存在生理缺陷，個子小，難以生育，或有其他殘缺等。在平時，彼此顧及對方的面子而不輕易指出。可是一旦發生爭吵，當自己理屈詞窮、處於不利時，就可能把矛頭朝向對方的短處，挖苦揭短，以期制伏對方。有道是「打人莫打臉，罵人不揭短」，任何人都討厭別人惡意揭自己的短，這樣做只會激怒對方，加劇衝突，傷及夫妻感情。

．不要翻陳年舊帳

有的夫妻爭吵時，喜歡把過去的事情扯出來，翻舊帳，歷數對方的「不是」和「罪過」，指責對方，或證明自己正確。這種方式也是很愚蠢的。夫妻之間的舊帳很難說得清。如果大家都翻對自己有利的那一頁，眼睛向後看，不但無助於解決眼下的矛盾，而且還容易把問題複雜化，這樣新帳舊帳糾纏在一起，只會加深彼此的怨恨。夫妻爭吵最好「打破盆說盆，打破罐說罐」，就事論事，不要前掛後連。這樣處理問題，才容易化解眼前的矛盾。

．堅絕不能罵人

爭吵時，夫妻雙方可以提高音量，言詞也許比較偏激，但是絕不能罵人，尤其是不能帶髒字！有些人平時說話經常帶髒字和不雅的口頭禪，爭吵時也可能順口說出來。

然而，這時對方不再會把它當成口頭禪，而視為辱罵，因此同樣會產生不良的後果。一般的爭吵本無大礙，但對方動輒說「氣話」、「急話」、「絕話」：「今生今世我最大的失敗，就是找上了你！」「我當初怎麼會想跟你這種人在一起呢？」語氣之中分明流露出對婚姻的反悔之意和對配偶的嫌惡之情，再大度的人也會覺得心寒。夫妻雙方由爭執而爭吵，由爭吵而演變成彼此辱罵。從父母、兄弟、姐妹、親朋、好友，一路罵到祖宗十八代。這樣只會讓夫妻感情破裂。

婚姻的基礎是愛情，愛情是在萬般呵護下發展起來的。如果不想讓婚姻毀於一旦，就千萬別說傷感情的話。

- **不要隨意貶低對方**

夫妻爭吵時難免各執一詞，都覺得對方不講理，自己才是對的，這時往往會出言貶低對方。比如：「和你說話簡直是對牛彈琴！」「你這個人簡直不可理喻！……就是個潑婦！」「你是一個無賴！」這些貶低對方的話，同樣容易刺傷對方的自尊，對方為了維護自己的尊嚴，會繼續爭吵下去的。

- **不涉及親屬**

有的夫妻在爭吵時，不但彼此指責，而且可能衝出家門，把對方的老人、親屬也捲進來。比如說「你和你爸一樣不講理！」「你和你媽一樣蠢！」等。這樣一來，把爭吵的矛頭指向長輩是錯誤的，也是對方最不能容忍的。

總之，夫妻爭吵只要掌握好了「原則」，就不會傷及感情，「雨過天晴」，兩人又會和好如初。

‧結束「冷戰」的技巧

夫妻爭吵之後，常常會出現冷戰的局面，這是和好前的過渡階段。這時候雙方已不再大吵大鬧，又都不想主動認錯，因此陷入了「冷戰」的局面。可是總是「冷」下去也不是個辦法，這時候，某方一定要首先採取行動打破沉默，這時另一方就會回應，夫妻握手言和，重歸於好。一般來說，打破沉默、消除「冷戰」的方式有以下幾種：

‧直言和解

如果雙方的衝突並不嚴重，只是偶然出現摩擦，就可以直截了當地打破沉默。比如說：「好了，過去的事就讓它過去吧，不要再生氣了。」對方也許會有所回應，終能言歸於好。也可以裝作把所有的不愉快都忘掉了，像什麼事也沒有發生似的，主動與對方說話，對方如能順水推舟，就可以打破沉默。

前一天晚上，趙彥良和妻子吵架了，第二天早上上班前，趙彥良突然對還在生氣的妻子問：「我的公事包呢？」見丈夫沒有記仇，妻子也不好意思不理人，應聲道：

「不是在衣帽架上嗎？」這樣就打破了僵局。

・主動認錯

如果一方意識到發生爭執的主要責任在自己，就應主動向對方認錯，請求諒解。比如：「好了，這事是我不好，以後我會注意的。」「這件事是我考慮不周，責任在我，我道歉，你就不要生氣了！」對方聽了，一腔怒火也許就煙消雲散了。

小鄭到外地出差，臨時改變航班。妻子按原來的時間去接他，等了很長時間。回家後，才接到電話，才知道是計畫臨時有變。心是放下了，氣卻上來了。

小鄭回家後，妻子一句話也沒對他說。小鄭知道是自己不好，就趕緊道歉：「好了，這事是我不好，以後我一定注意。我沒有及時打電話給你，是我不對，我道歉，你就不要生氣了好不好？今晚我下廚，算是補償你！」妻子聽了，一肚子怨氣早已煙消雲散。

退一步說，即使錯誤不在自己方面，夫妻之間也要有一方願意主動承擔責任，緩和衝突。

・幽默和解

開個玩笑是打破僵局的最佳方式。

比如：「我說，你看世界上的冷戰早就結束了，我們家的冷戰是不是也可以緩和一下？」「天有陰晴，月有圓缺，半個月過去，月亮該圓了！我們也和好吧？」對方聽了多會「多雲轉晴」的。

再比如：有一對夫妻因為一點小事起爭執，妻子賭氣不吃飯，也不理丈夫。丈夫一見，趕緊哄妻子：「生氣老得快，萬一長出白髮，你想老妻少夫呀？」妻子被逗得「噗哧」一聲笑了，兩人又言歸於好。

・求助「仲介」

如果雙方爭執不下，當面說話擔心對方不給面子，也可借助其他媒介傳遞資訊。比如：打電話就是一種。打電話給愛人，既可以認錯也可以說明問題和願望。只要對方接電話就有助於溝通，能夠和解。有時也可以藉由孩子緩解衝突。

星期天，爸爸叫小女兒拉上媽媽一起出去玩，還在生氣的媽媽不去，女兒不管，硬是把媽媽拉出了家門。就這樣一家三口過了一個愉快的假日，回來的時候早已把不愉快拋到九霄雲外去了。

以上是處理婚姻中夫妻之間小摩擦的小技巧，掌握這些，對於解決夫妻之間的衝突非常有效。要知道，兩個完全不同的個體走到了一起，要一起生活、過日子，這期間難免會出現一些小的爭執。但是，既然邱比特之箭將你們兩個人射中了，你們就要珍惜這段姻緣。夫妻間發生衝突時，兩人因火氣爭吵乃是必然，但一定要注意分寸，適可而止，當對方給你「臺階」下時，要給對方面了，其實，這也是給自己面子喔！

智慧錦囊：

夫妻之間有一些摩擦是很正常的事情，但爭吵之後的和解則需要一定的技巧。有道是「夫妻沒有隔夜仇」，只要一方能針對衝突的具體情況，採取相應的溝通方式，巧用言語，就可以盡快打破僵局，家庭生活就會恢復往日的歡樂與和諧。

對待鄰里要寬容

我們在家的時間除了與家人在一起外，接觸比較多的就應該數鄰里了，鄰居與我們的關係可謂是抬頭不見低頭見，常言「遠親不如近鄰」說的就是與鄰居關係的密切。當我們有什麼事情時，鄰居的幫助往往猶如雪中送炭，能及時地給予我們慰藉。

鄰居們同在一方寶地生活，彼此間難免有摩擦：你放的音樂吵得我無法休息，我倒髒水濺溼了你的鞋子，孩子刮了人家的愛車，老人被鄰居丟的香蕉皮滑倒……其實，這都是些雞毛蒜皮的小事。面對這些小事是形同陌路、反目成仇，還是寬宏大量化干戈為玉帛？相信每個理智的人都懂得該如何處理。

用一顆寬容、誠懇的心面對鄰里間的爭執，握手一笑泯恩仇，何樂而不為呢？

※　※　※

小趙進入職場後，在一個居民社區租了一間房子。剛住進來時，因為不熟悉周圍的環境，小趙經常把從家裡垃圾袋隨手丟在騎樓。直到有一次，他被住在一樓的鄰居看到，責罵他不衛生，他不服氣，跟人家大吵了一架。

住得時間長了，小趙發現在社區附近有個垃圾點，鄰居們都往那裡扔垃圾。小趙意識到跟鄰居吵架錯在自己，但也沒打算跟鄰居賠禮道歉。就這樣，又過了幾個月。一天，小趙家廚房自來水龍頭壞了，要換壞了的水龍頭，先要關閉本樓裡自來水閥門。

小趙跑到騎樓門口，找到五六個閥門。「哪個才是自來水閥門。」小趙自語地說著。正當小趙一籌莫展時，身後一個人說話了：「最裡面的那個閥門是自來水閥門。」小趙回頭一看，原來是住在一樓的鄰居。關了閥門之後，鄰居從家裡拿來工具幫他換了閥門。鄰居不計前嫌，感動了小趙。當天晚上，小趙第一次到鄰居家，為自己以前的過錯道歉，兩人握手言和。現在，小趙跟鄰居常來常往，還成了好朋友。

對待鄰里要寬容

鄰里發生矛盾，即便自己完全有理，也不能得理不饒人。如果鄰居家的有些做法確實影響到了自家利益，也不應該怒火中燒，指桑罵槐，沒完沒了。而要心平氣和地給鄰居講清自己的意見，聽聽對方的想法，給鄰居考慮和改正的時間。切不可自持有理，就逼人太甚，以致火上加油，有理變成了無理。

比如下面這幾個年輕人的做法，就是非常不可取的。

幾個人年輕人合租了一間房子。他們都養成了晚上不睡早晨不起的習慣，每天過了午夜十二點，音樂還在轟轟作響。樓下的鄰居有神經衰弱，每天被這些音樂搞得頭痛欲裂。上門勸說幾次，音樂倒是小了，可是那幾個人穿著硬底鞋一趟趟在屋裡走動直到凌晨才安靜下來，鄰居每天都為此苦惱不已。

像這幾位年輕人，如果確實不願意早睡，可以在家裡穿上軟底拖鞋，甚至鋪上地板，盡量減少走動時發出的聲音。

清代有個「六尺巷」的故事，說的是康熙年間，當朝宰相張英家人打算擴大府宅，便讓鄰居葉侍郎家讓出三尺地面。葉家也不好惹，不買張家的帳，張英的夫人就寫信到京讓張英出面干涉。張英對家人倚官欺人的做法很不滿意，寫了一首詩回答夫人：千里家書只為牆，讓他三尺又何妨？萬里長城今猶在，不見當年秦始皇。夫人看信後，羞愧不已，忙命僕人後退了三尺築牆。葉家受到了感動，也將院牆後退三尺。結果在張、葉兩家之間讓出一條方便鄉鄰的六尺小巷。於是就有市井歌謠云：「爭一爭，行不通，讓一讓，六尺巷。」

「六尺巷」能成為口碑，正說明人與人對鄰里之間禮讓行為的重視。鄰里之間要相互理解，懂得寬容已日益提上進程。對於今天的我們，大多生活於鋼筋水泥之間，與鄰里關係越來越淡薄，那麼，能夠以「六尺巷」為範相處鄰里，更顯得彌足珍貴了。

智慧錦囊：

為了避免因一些雞毛蒜皮的小事而傷害鄰里感情，我們更應該防患於未然，在日常生活中注意自己的言行，考慮鄰里的感受，設身處地為他人著想。收音機、電視機、音響在太早太晚的時候都不能開得太響，樓上樓下的動作都要輕一點。

與人為善，凡事莫計較

古往今來，與人為善做為傳統美德，備受推崇和褒獎。「君子莫大乎與人為善」，充分說明與人為善是君子之行。「己所不欲，勿施於人」，是與人為善；「先天下之憂而憂，後天下之樂而樂」，更是與人為善。

與人為善，是做人的一種種積極和有意義的行為。

首先，它體現著人們的道德意識和修養。一個人如果不能與人為善，則說明他連最起碼的道德規範都無法做到，這樣還何談其他呢？

其次，它顯示著人們的心態。一個人的心態，不僅影響著人們的行為，而且還會影響一個人的人生。心態可以分為健康和不健康兩種，健康的心態可以使人幸福、快樂、積極、進取，可以充分發揮人的創造力，可以積極地面對對生活中的一切，可以化解各種煩煩惱、不幸和困難，反之則只能與痛苦為伍。

再次，它展示了一個人的人格。健全的人格代表著一個人的自我完善和具有正常社會行為，而不健全或有障礙礙的人格則會導致一個人不能建立良好的人際關係，不能正確地對待自己，不能有正常的心理生活，甚至會導致過偏激行為乃至犯罪。

最後，與人為善，可以消除隔閡閡，爭取朋友，改善個人處境。與人為善可以避免受到傷害，為自己創造一個寬鬆和諧的人際環境，從而有助於個人的身心健康；如果人與人之間能夠做到相互理解、相互尊重、相互支持、相互合作，那麼就能形成推進事業發展的強大力量。

俗話說，家和萬事興，人和事業興。事實也證明，如果在一個公司、一個地方、一個社會中，與人為善蔚然成風，那麼同事之間、鄰里之間、成員之間關係就會融洽而和諧；反之，如果人們不是與人為善，而是損人利己、以鄰為壑，那必然會紛爭不斷、內耗嚴重、離心離德，進而導致工作難有起色、事業難以發展。

從這個意義說，是否與人為善，事關大局、事關穩定、事關發展；堅持與人為善，利人、利己、利社會。與人為善有利於增進人與人之間的團結。與人為善，是人們處理人際關係應當遵循的一條基本準則。與人為善，能使人與人之間多一份尊重和信任，少一點輕蔑與猜忌；多一份理解和寬容，少一點挑剔與苛求；多一份坦誠和關心，少一點掩飾與冷漠；多一份支持和幫助，少一點排斥與拆臺。

與人為善，雖然有著種種不同的解釋，但是「待人以寬」則是其最主要的含義。待人能夠尊重、謙虛，固然重要，但是具有寬厚、包容之心的人，更得人緣。有些人待人嚴峻刻薄，斤斤計較，如此想要獲得人緣和別人的認同，實在難矣！

與人為善，凡事莫計較

有一則故事說明了與人為善的作用：

甲走在路上，有人指著他腳上的鞋子，說：「你怎麼把我的鞋子穿在了你的腳上，請你還我！」甲否認，二人爭執，大吵不已。

乙走在路上，遇到有人指著他腳上的鞋子，說：「你怎麼可以穿我的鞋子，請你還給我！」乙一聽，便將鞋子脫下來給他。此人後來找到了自己的鞋子，知道錯了，便將鞋子還給了乙。乙非常不以為然地說：「既然給了你，我就不要了。」

丙走在路上，有人指著他腳上的鞋子，說：「你穿錯了我的鞋子！」丙微笑地將鞋子脫下來了給他。此人後來找到了自己的鞋子，便將錯認的鞋子還給了丙，丙還是滿臉微笑地把鞋子收了回來。

從甲、乙、丙三人的處事態度，就可以看出所謂待人以寬、待人不同的藝術了。寬和地待人，自己也會心平氣和、輕鬆愉快；反之，如果常常為了一點小事就耿耿於懷，甚至嚴厲地指責別人的不是，如此不但讓人望而生畏，不敢親近你，自己也會因為不得人緣而愁悶苦惱，真是傷人又傷己。

待人寬厚傳統美德，我們應該繼承並發揚。待人寬厚要誠懇、友善，一時分歧不爭論，無傷大體不計較，不要得理不饒人；待人要與人為善，善解人意，設身處地為對方考慮。這樣有利於人與人之間的關係更加和諧、融洽。無論何時何事，再大的風浪也會隨時間的流逝而淡漠，以自己原諒他人為處理問題的辦法，以自己寬厚的對待事情為開闊心胸的良藥，不為小事而氣急敗壞，不為小人而折損信心，不為小利而喪失良知，才能在生活中坦蕩地做人。

一天，一位住在山中茅屋修行的禪師趁夜色到林中散步，在皎潔的月光下，突然開悟。他喜悅地走回住處，眼見到自己的茅屋正遭小偷光顧。找不到任何財物的小偷，要離開的時在門口遇見了禪師。原來，禪師怕驚動了小偷，一直站在門口等待著。他知道小偷一定找不到任何值錢的東西，早就把自己的外衣脫掉拿在手上。

小偷遇到禪師，正感到驚愕的時候，禪師說：「你走老遠的山路來探望我，總不能讓你空手而回啊！夜涼了，你帶著這件衣服走吧！」

說著，他把衣服披在了小偷身上。小偷不知所措，只好低著頭溜走了。

禪師看著小偷的背影穿過明亮的月光，消失在山林之中，不禁感慨地說：「可憐的人啊，但願我能送一輪明月給他。」

禪師目送小偷走了以後，回到茅屋赤身打坐。他看著窗外的明月，進入空境。

第二天，他在極深的禪室裡正開眼睛，看到他披在小偷身上的外衣被整齊地疊好，放在門口。禪師非常高興，喃喃地說：「我終於送了他一輪明月。」

面對偷竊的盜賊，禪師既沒有責罵，也沒有告官，而是以寬容的心胸原諒了他，禪師的寬容和原諒也終於換的了小偷的醒悟。

寬厚待人，實際上也就是寬厚待己。任何人都有缺點與不足，都需要他人對自己寬容。要想得到他人的寬容，就必須首先去寬容別人。寬厚待人不僅能化衝突為祥和，化干戈為玉帛，贏得他人的信任與愛戴，而且寬厚待人本身也是一種很深厚的涵養，能使自己的心靈得到慰藉與昇華。「世事讓三分，天空地闊；心田培一點，子種孫收。」寬厚待人是一種生存的智慧和生活的藝術。「寬容大度」、「寬宏大量」展現的是大家風範；「小肚雞腸」、「斤斤計較」顯露的是小人之心。寬厚對個人來說是一種境界與人格，對社會來說是文明與進步。

智慧錦囊：

在生活中提倡「與人為善」，家庭和，事事順；在公司提倡「與人為善」，人心和，事業興。從現在開始，善待自己，善待家人，善待朋友，善待你身邊的每個人吧。以人為善，寬厚待人，你的生活才能處處和諧。

凡事不強求，應順其自然

世界上很多事情，不可強求，而要順其自然。凡事要採取一種靈活灑脫的態度，只要是不違背大原則，無傷大雅，也就無可無不可而言了。

這一點，似乎更符合現代人的行為方式和生活態度。不過還是需要提醒一句：前提是「義之與比」——正義的原則可是萬萬丟不得的！

比如困擾人們的感情問題，愛情沒有永久保證書，該放手的就沒必要苦苦糾纏。

有位男士飽受前女友的騷擾，騷擾範圍之廣，所有親戚朋友都接到了這位不甘離去的女友電話恐嚇。

後來男士再也忍不住了，親自去懇談和解。不料竟發現，前女友已經有新的同居人——她自己有了新歡，但就是不讓前男友輕鬆自如。

新的已來，舊愛還不願割去，這又何苦呢？

還有一個令人震驚的例子：

一位在婚姻中不斷有外遇的丈夫，在因前妻以驗傷單為由訴請離婚後，過了幾年還來潑前妻硫酸，導致前妻一眼失明，全身百分之四十燒傷。

前妻嚴重地破了相，還為此失去了工作，還要撫養兩個孩子。同時，還在擔心因傷害罪入獄的前夫假釋出獄，繼續傷害她。更可怕的是她的前夫沾沾自喜地叫人來傳話：「現在你沒人要了吧，我還是可以要你，你乖乖地把孩子帶回來……」

一個永遠不想失去你的人，未必是愛你的人，未必對你忠心耿耿，有時這種人只是腦袋不清的強烈占有欲者，他們才會做出各種「損人不利己」的事情，還如此理所當然。

一肩挑盡古今愁、憂國憂民憂天下的孔子在家閒居時卻儀態舒展自如，神色和樂喜悅，過著無憂無慮的個人生活，完全不是我們所想像的一副愁眉苦臉、嚴肅莊重的樣子。

這是因為他雖然憂國憂民憂天下，但卻不憂個人生活，在個人生活上他抱著以平淡為樂的曠達態度，所以始終能保持爽朗的胸襟、舒展自如的心情。

說到底，就是他很會調整自己的心態和精神。而不像我們今天的人，急急如律令，東奔西竄，疲於奔命。電話有了要傳呼，傳呼有了要手機，生怕失去任何一個可以利用的機會，卻又逢人便感嘆：「唉，活得真累！」難道這累不是你自找的嗎？

朋友們都說：「黃小姐是一個活得很精彩的人。」

目前，黃小姐自己經營一家小型的行銷顧問公司，同時也擔任業餘的舞蹈教練。此外，她熱愛騎馬、登山、游泳等運動，即使工作再忙，每年她總會抽出八到十天的空檔專程飛到紐約，想辦法用最廉價的方式去觀賞歌劇，或者上幾堂舞蹈課。

凡事不強求，應順其自然

對於自己的生活方式，黃小姐非常樂在其中。幾年前，當黃小姐還在一家外商電腦公司工作的時候，看到很多的工作夥伴遵循著一種傳統固定的模式——對於生活沒有太多的想法，彷彿很認命地只想到繼續往上爬。當時她就意識到：我不能像他們那樣也變成一個只知道工作，硬邦邦的電腦人。

後來，她離開了那家公司，自行創業，卻聽到周圍很多反對的聲音：「女孩子創什麼業？你為什麼不乾脆去找一個男人嫁算了！」結果，黃小姐並沒有去嫁人，她告訴那些人：「我很想試試看！」因為，她想走自己的路。

其實，剛開始她連創業的資金都沒有，僅有的財產是一張辦公桌以及一臺分期付款買來的電腦，但是，她從來不擔心會餓肚子，她的心裡只有一個簡單的念頭：「去做就對了！」

有一天，臨時需要一筆錢周轉，她把身上最後的四萬元都墊下去了，結果，就在當天下午，她接到生平第一張客戶寄給她的支票，她說：「接到那筆酬勞時，我真的很興奮，那種感覺跟以前拿到公司付給你的薪水很不一樣！」

黃小姐說，她一直追求「既單純又豐富」的生活，她從沒想過要把事業做到多成功，規模要發展到多大，她只是忠於自己的感覺，很專注地做自己想做的事。

黃小姐的這種淡泊的態度，是她能夠始終保持快樂的主要原因，因此，她的生活也才顯得更加豐富多彩，做到了「我的生活我做主」，而不是做生活的奴隸。所以，我們若也想像黃小姐那樣擁有精彩的人生，我們就要做到：凡事不強求，順其自然！

智慧錦囊：

要找到自己真正想過的生活，其實並不難，最直接的方法就是從你的心中尋找線索。你可以問自己幾個問題：在過去的經驗裡，有哪些嗜好曾經令你振奮？如果說，維持基本的物質需求之餘，你會把剩餘的時間、精力用在哪裡？你是不是花了太多的力氣去追逐身外之物，或者為了滿足別人，而把自己內心的真愛丟棄不顧？想為自己活，就是要去做自己喜歡的事。窮畢生之力做自己不喜歡的事，還何談「為自己而活」？

待人處世，要有平和忍讓之心

忍讓不是膽小怕事，而是一種修養。

當我們與人交往時，應保持一種謙和、克己、寬容的態度和行為。

古往今來，成大事者都能忍。他們遇事不與人無謂地爭高論低，而是透過忍讓的辦法，去專注地做自己的事情。很多人之所以難成大事，要害之一就是好爭而不好讓。

顏回是孔子的得意門生，有一次他看到一個買布的人和賣布的在吵架。只聽買布的大聲說：「三八二十三，你為什麼收我二十四個錢！」

顏回上前勸架，說：「是三八二十四，你算錯了，別吵了。」買布的指著顏回的鼻子說：「你算老幾？我就聽孔夫子的，我們找他評理去！」顏回問：「如果你錯了怎麼辦？」買布的人答：「我把腦袋給你！要是你錯了怎麼辦？」顏回答：「我把帽子輸給你。」

於是，兩人找到了孔子。孔子問明情況，對顏回笑笑說：「三八就是二十三嘛，顏回，你輸了，把帽子給人家吧。」顏回心想，老師一定是老糊塗了，但師命難違，只好把帽子摘下，那人拿了帽子高興地走了。

孔子回過頭來，語重心長地告訴顏回：「說你輸了，只是輸一頂帽子，說他輸了，那可是一條人命啊！你說是帽子重要還是人命重要？」顏回恍然大悟，「撲通」跪在孔子面前說：「老師重大義而輕小是非，學生慚愧萬分！」

待人處世，以平和之心該忍時則忍，是一種寬容大度、灑脫的表現，亦是化干戈為玉帛的智慧。孔子，他不重表面形式的輸贏，而重思想境界和做人水準的高低，這樣的人其實是活得最瀟灑的。

待人處世，要有平和忍讓之心

當然，我們所說的忍讓，並不是不辨是非、放棄原則、毫無限度地對一切事物的忍讓，而是該忍時忍，不該忍時則寸步不讓。比如：與朋友或同事發生了一點小摩擦，就不要斤斤計較，應該豁達一點，免得破壞友誼和團結。但對不良的社會風氣以及壞人壞事，則不但不能忍讓，反而應挺身而出，堅決鬥爭。

具體來說，平和忍讓需要從以下幾個方面做起：

．容忍別人的過失

有這樣一個女人，總在喋喋不休地向人們說鄰居汙穢不堪。有一回，她故意將一位朋友帶到家裡，指著窗外說：「你看那家晾衣繩上晾的衣服多髒！」可是那位朋友卻悄悄地對她說：「如果你看仔細點，我想你能弄明白，髒的不是人家的衣服，而是你自家的玻璃窗。」

同在一片藍天下生活，我們為什麼不能多一點寬容，少一點指責呢？即使髒的真是鄰居的衣服，那麼我們也應該表示理解和容忍。為人處世、待人接物時，不能對他人的要求過於苛刻。應學會寬容、諒解別人的缺點和過失。

．容忍誤會和委屈

要做到忍讓還表現為能忍辱負重，經得起誤會和委屈，對那些曾與自己結下仇怨的人，能雍容雅量，寬容待之。這將有助於你廣泛地結交知心朋友和事業上的志同道合者。齊桓公因不記私仇，用射了他一箭的管仲為相，才成就了一代霸業。只要我們能以大多數人的利益為重，拋開自己的私利，就能具備寬大的胸懷，就能養成謙和的性格，對朋友和同事做到克己忍讓。

凡事禮讓三分

要做到忍讓，還要學會克制自己，凡事禮讓三分，不要時時、事事爭強。

林則徐有一句名言：「海納百川，有容乃大。」與人相處，有一分退讓，就受一分益；吃一分虧，就積一分福。相反，存一分驕，就多一分挫辱；占一分便宜，就招一次災禍。

也許有人認為克制忍讓是卑怯懦弱的表現，其實，這正是把問題看反了。古人說得好：「猝然臨之而不驚，無故加之而不怒。」這才是真正的英雄。只有頭腦簡單的無能之輩，才會為芝麻綠豆大的小事各不相讓，爭得面紅耳赤。而能放手時則放手，得饒人處且饒人，才正是心胸豁達、雍容雅量的成功者所應具備的高貴特質。

智慧錦囊：

君子坦蕩蕩，這是千百年來留傳下來的一種品德。做人要胸襟豁達，要有平和忍讓之心，

待人處世，要有平和忍讓之心

這不僅是一種魅力，更是事業有成之人的必備個性。

第三章 心態智慧：笑一笑身心愉悅

俗話說：「笑一笑，十年少；愁一愁，白了頭。」意思是說，愉快的精神狀態，可使人心情開朗、滿面春光，好心情可以增進人體健康、延年益壽。反之，不良的精神刺激，會使人心情憂鬱，疾病纏身，夭亡短命。所以，為了你的健康、長壽，一定要學會控制自己的情緒，養成眉開眼笑、無憂無慮的性格。

為你的心靈掃清陰霾

有些人生來喜歡操心，這本來沒什麼不好，但是一旦演變成瞎操心、過度操心，那可就不是什麼好習慣了。何謂瞎操心？那是一種不健康的心理習慣，經常為一些微不足道的小事坐臥不安。比如：我們古代「杞人憂天」的那位仁兄，便是一個典型的例子。

很多人都有過度操心的毛病，這種毛病甚至會在工作時發作，從而嚴重影響工作效率和品質。那麼，該怎樣排除它呢？

這就要求我們要培養足夠的自信，只要你相信自己能做到，則不管是多麼困難的事情都可以做到。此外，你還可以採取以下方法進行排除：

．**給心理排「水」**

睡覺時，為了避免自己的意識繼續操勞，在夜晚上床前最好使自己的心靈留有短暫的空白。所以就寢前五分鐘極為重要，就寢前如果不設法排除一切「憂慮」，它將阻塞你心靈的活動，妨礙腦和精神力量的散布，但是如果能使自己的心靈暫時空白，那些煩惱就沒有機會累積下來。

這種心理排「水」法，就像打開水龍頭讓水流出去一樣，這種方法能把心中所有的擔憂都釋放出去。這種心理上的排「水」作業對克服操心相當有效。

．用想像治療憂慮

為排除憂慮，不妨善加利用創造性的想像。這種治療法與上述排「水」的方法頗為相似，讓自己進入「靜」的境界，使自己進入本身內心深處，想像你將操勞的種子逐一去除，這種想像最後也會成為事實。

想像是憂慮的源泉，但它同時也是治癒憂慮的特效藥。想像是為了造成結果所使用的意象，其效果十分顯著，它與單純的幻想有所不同，乃是從造像原理而來。

．砍掉多餘的操心

要克服好操心的個性，有必要運用一些策略。一開始就直搗好操心的「總部」，而發動正面攻擊並不容易，比較巧妙的方法是，先逐一攻克前面的要塞，再直逼總部、包圍總部。換句話說，最好是先砍掉這棵「憂慮樹」的小枝，即小小的操心，然後再逐漸接近樹幹，最後砍倒「好操心」這種個性的主幹。

也許你會注意到，伐木工人在砍倒一棵大樹時，一定是先砍掉它上端的枝幹，最後才是中央巨大的主幹。那麼，這是什麼原因呢？

「若不先砍掉樹枝，而從樹幹開始，倒下去時就可能會傷害附近的樹林。而把樹弄得越小，就越容易處理。」砍樹工人是這麼解釋的。

同樣的道理，在你的性格中，對於多年來成長的「憂慮大樹」，若把它盡量減少再處置，這是最好的方法。所以，若要想「砍掉」操心的習慣，就應該減少談話時表現出操心的次數。

當你的腦海中浮現操心的念頭時，應立刻把它除掉。例如：我們會說：「我不知道能不能趕上火車。」與其擔心地說這種話，倒不如早點出發！

智慧錦囊：

砍掉小小的操心，就會逐漸逼向操心的主幹。此時，你已經擁有比以前大得多的力量，能幫助你排除生活中操心的根源，即凡事好操心的習慣。

讓微笑照亮你的人生

微笑能讓你的人生增彩，將你灰暗的人生照得光怪陸離。記得在一部電視劇中有這樣一句臺詞：「如果一個人每天微笑的次數手指都能數得出來的話，那麼只能說明：他太不快樂了。」可見，快樂的表現形式是微笑，微笑的結果則是成就積極的人生。

蘇格拉底是單身漢的時候，原本和幾個朋友一起住在一間只有七八平方公尺的房間裡，但是他一天到晚總是樂呵呵的。

幾年後，蘇格拉底成了家，搬進了一座大樓裡。這座大樓有七層，他的家在最底層。底層在這座樓裡是最差的。不安靜、不安全，也不衛生，上面老是往下潑汙水、丟死老鼠、破鞋子等雜七雜八的髒東西。有人見他還是一副喜氣洋洋的樣子，就好奇地問：「你住這樣的房間，也感到高興嗎？」

「是呀！」蘇格拉底說，「你不知道住一樓有多少好處啊！比如：進門就是家，不用爬很高的樓梯，可以在空地養一叢花，種一畦菜。這些樂趣呀，沒辦法說！」

過了一年，蘇格拉底把一層的房間讓給了一位朋友，這位朋友家有一位偏癱的老人，上下樓很不方便。他搬到了樓房的最高層──第七層，每天，他仍然快快活活的。那人揶揄地問：「先生，住七層樓有哪些好處？」蘇格拉底說：「好處多勒！僅舉幾例吧：每天上下幾次，這是很好的鍛鍊機會；光線好，看書、寫文章不傷眼睛。」

原來，快樂的祕訣就是，多去發現生活中積極、美好的一面。只要心態調整好了，心情自然也會跟著好起來。

曾經看到過這樣一幅場景：

一位盲人正要橫越馬路，這時從他旁邊走過來幾個小朋友，他們簇擁著盲人，走過了街道，並且目送他走了很遠的路。這時，只見盲人的臉上洋溢著微笑，向小朋友們揮手致謝。

這個時候，不管是盲人還是小朋友，臉上更多的都是一種會意的表情，而沒有人再對盲人的命運感到可憐。因為他們雙方都對生活充滿了熱愛，這種笑對人生的坦然從一顆心流向另一顆心，甚至比「陽光」更容易直射人的心靈，讓看到這個情景的路人都會覺得心裡暖暖的。也許平日裡我們還未曾發現，原來，對人對事的樂觀心態有著這麼強烈的感染力，它的輻射面竟有這麼廣！

上面生活中的情節，不難讓我們聯繫到職場。如果員工與老闆也這樣笑著面對工作中的每一天，那麼這種美好的情愫必將遍地生根、發芽、開花、結果。公司這種習慣蔚然成風後，一定會成為繁茂的綠蔭，讓在「火熱」的職場競爭中奔波的人，盡享公司創造的清爽怡人的環境。

掌控自己的情緒，才能讓你積極地應對任何一件事。同時，擁有良好的精神狀態也是你責任心和上進心的外在表現，這也正是老闆期望看到的。

所以就算工作不盡如人意，也不要愁眉不展、萎靡不振，而要學會掌控自己的情緒，讓一切變得積極起來。

李慶剛是一家行李箱公司的產品攝影師，他下決心要在產品攝影或創意領域內出人頭地。他堅信，如果公司老闆或者其他廣告公司的伯樂們能發現他的天賦，或者為他提供工作機會，他就可以不再從事簡單、重複的產品拍攝工作了。如果讓他自由地發揮想像力，那他一定能獲得廣告創作上的成功，成為廣告公司的創意總監。

在李慶剛眼裡，他超常的能力意味著他可以不受正常規範的約束。他一直快樂地工作，並且追求「快樂每一天」。每天工作一結束，他都會在記事本上寫道：「今天的工作很開心，又收穫了很多東西，明天要繼續努力，還會有更大的收穫。」

在充滿競爭的職場裡，在以成敗論英雄的工作中，誰能自始至終陪伴你、鼓勵你、幫助你呢？不是老闆，不是同事，不是下屬，也不是朋友，他們都不能做到這一點，唯有你自己才能激勵自己更好地迎接每一次挑戰。

工作時神情專注，走路時昂首挺胸，與人交談時面帶微笑……會讓老闆覺得你是一個值得信賴的人。越是疲倦的時候，就越要穿得好。這樣更有精神，讓人完全看不出你有一絲的倦容。如果你是女性的話，還要化個妝，這樣做會給你帶來積極的影響。

智慧錦囊：

每天精神飽滿地去迎接工作中的挑戰，以最佳的精神狀態去發揮自己的才能，就能充分挖掘自己的潛能。你的內心同時也會發生變化，變得越發有信心，別人也會越發認識到你的價值。良好的精神狀態不是財富，但它卻能帶給你財富，也會讓你得到更多的成功機會。

陽光心態帶你走進幸福生活

我們每一個人都是以自己的心態去看待生活。胸懷江河者看到的逆境是暫時的回流，回流之後又是可以放舟千里的浩蕩之水；而胸懷溪澗的人面對逆流便以為人逢絕路，只能永久地停留在此岸了。由此可見，人生奮進的關鍵是培養自己博大的胸懷，因為只有博大的胸懷，才能容納困難與挫折，才能在廣闊的汪洋大海中到處都可以航行。

要想成為強者，就要學會接納困境，面對危機，因為這是生活給予你的一份饋贈。

一個裝著香水的無口之瓶，只有打碎它才會散出幽遠的馨香；一塊樸拙的頑石，只有經過無情地雕琢，才會成為完美的藝術品。一切美好的東西都不會自然地展現在你面前，那

傷痕累累的心理感受，恰是生活給予你的禮物。

一個女兒對父親抱怨她的生活，抱怨事事都那麼艱難。她不知該如何去應對生活，想要自暴自棄了。她已厭倦抗爭和奮鬥，好像一個問題剛解決，新的問題就又立即出現了。

她的父親是位廚師，父親把她帶進廚房。父親先往三口鍋裡倒入一些水，然後把牠們放在旺火上燒。不久鍋裡的水燒開了。

然後，父親往第一口鍋裡放些胡蘿蔔，第二口鍋裡放入雞蛋，最後一口鍋裡放入碾成粉狀的咖啡豆。父親將牠們浸入開水中煮，一句話也沒說。

女兒咂咂嘴，不耐煩地等待著，納悶兒父親在做什麼。大約二十分鐘後，父親把火閉了，把胡蘿蔔撈出來放入一個碗內，把雞蛋撈出來放入另一個碗內，然後又把咖啡舀到一個杯子裡。做完這些後，父親才轉過身問女兒：「親愛的，你看見什麼了？」

「胡蘿蔔、雞蛋、咖啡。」女兒回答。

父親讓她靠近些，並讓她用手摸摸胡蘿蔔。她摸了摸，注意到牠們變軟了。父親又讓女兒拿一顆雞蛋並打破它。將殼剝掉後，她看到的是一顆煮熟的雞蛋。最後，父親讓她啜飲咖啡，品嘗到香濃的咖啡，女兒笑了。她怯聲問道：「爸爸，這意味著什麼？」

父親解釋說，這三樣東西面臨同樣的逆境——煮沸的開水，但其反應各不相同：胡蘿蔔入鍋之前是強壯結實的、毫不示弱，但進入開水後，它軟了、變弱了；雞蛋原來是易碎的，它薄薄的外殼保護著它呈液體的內部，但是經開水一煮，它的內部變硬了；粉狀的咖啡豆則很獨特，進入沸水後，牠們與水融為一體，並改變了水。「哪個是你呢？」他問女兒，「當逆境找上門來時，你該如何應對？你是胡蘿蔔，是雞蛋，還是咖啡豆？」

那麼你呢，我的朋友，你本是個性情不定的人，但經過死亡、分手、離異或失業，是不是變得堅強了，變得倔強了？你的外殼看似從前，但你是不是因有了堅強的性格和內心而變得嚴厲強硬了？因此，你是看似強硬，但遭遇痛苦和逆境後就畏縮了、變軟弱了、失去了力量的胡蘿蔔，還是內心原本可塑的雞蛋？或者你是咖啡豆？改變了給它帶來痛苦的開水，並在它達到攝氏一百度的高溫時讓它散發出最佳香味，水最燙時，它的味道反而最好。如果你像咖啡豆，你就會在情況最糟糕時，變得堅強，並改變周圍的環境。

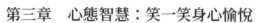

當你再身處逆境時，請問問自己：「我是胡蘿蔔、雞蛋，還是咖啡豆？」

世界上沒有人是終生一帆風順的，任何一個人都會遇到逆境。如得不到信任、無端遭受打擊和排斥、經濟拮据、事業不暢等種種困難和不如意，這種種困難讓無數人的心中充滿煩惱。有的怨天尤人，有的自暴自棄，有的報復社會，有的傷害自身。他們恰恰忽視了一條真理：逆境是磨練人的最高學府。縱觀古今，逆境幾乎是所有偉人鉅子成功的基石。

那位留下了「千古之絕唱，無韻之離騷」的司馬遷暫且不說，文王拘而演《周易》，仲尼厄而作《春秋》，屈原放逐乃賦《離騷》，左丘失明卻有《國語》……這些古聖先賢哪一個不是在逆境這所學府裡培養出來的？再看看世界，發明大王愛迪生因被認為是低能兒，在上小學時，就被迫退學；文學家、社會活動家海倫．凱勒集聾啞盲於一身；貝多芬耳聾卻寫出了不朽的傳世名作；高爾基從未進過學校讀書卻成為了偉大的文學家……

和他們所遭遇的挫折與不幸相比，我們那一點點小小的挫折又算得了什麼呢？

苦難的逆境，使庸者變得卑瑣乖戾，使強者變得堅韌聰慧。心理上的每一道創傷留下的疤痕，都是成長中留下的最珍貴的記憶。

逆境又是我們真正能照見自己的鏡子。應付逆境的能力反映出一個人的勇氣和意志力。逆境之後便是一段坦途，坦途之後還會有坎坷或逆境。這就是生活的邏輯。一個人倘若練就了在逆境中的沉著穩健，那麼他在順境中怎能不勇往直前呢？

智慧錦囊：

哲學家紀伯倫說，除了透過黑夜的道路之外，人們無法到達黎明。海倫．凱勒深切地感受到，在獲得無比豐富的生命體驗的過程中，如果一帆風順，那我們將失去一些發自內心深處的無限喜悅。只有穿越黑暗幽深的山谷，在到達山頂的時候才會欣喜若狂。沒有逆境中的苦戰，哪有強者的勝利？沒有戰勝困難的艱辛，又哪有成功者的喜悅？逆境過後只有兩種結局，一是失敗者的氣餒，二是成功者的歡欣。戰勝一次逆境，人生就多一份充實和成就。被逆境征服的人，就只能在失敗面前垂頭喪氣。

百味人生，無不快哉

在這滾滾紅塵中，我們生活得快樂與否，全在於對生活的態度和理解。

清朝怪才金聖歎，就是一個非常樂觀的人，他十分懂得玩味和領會生活的樂趣。

有一次，金聖歎和他的一位朋友共住，屋外下了十天雨。對坐無聊，他便和朋友一件件地說日常生活中的樂事，一共列出了三十多件「不亦快哉」的事：

夏七月，天氣悶熱難當，汗出遍身。正不知如何是好時，雷雨大作，身汗頓收，地燥如掃，蒼蠅盡去，飯便得吃——不亦快哉！

獨坐屋中，正為鼠害而惱，忽見一貓，疾趨如風，除去了老鼠——不亦快哉！

上街見兩個酸秀才爭吵，又滿口「之乎者也」，讓人煩惱。這時來一壯夫，振威一喝，爭吵立刻化解——不亦快哉！

飯後無事，翻檢破箱，發現一堆別人寫下的借條。想想這些人或存或亡，但總之是不會再還了。於是找個地方，一把燒了，仰看高天，萬里無雲——不亦快哉！

夏天早起，看人在棚下鋸大竹作為筒用——不亦快哉！

冬夜飲酒，覺得天轉冷，推窗一看，雪大如手，已積了三四寸厚——不亦快哉！

推紙窗放蜂出去——不亦快哉！

還債畢——不亦快哉！

讀唐人傳奇《虯髯客傳》（一部俠客小說）——不亦快哉！

……

在金聖歎眼裡，平凡的生活處處充滿著快樂。真可謂是：人生百味，無不快哉！

樂觀的人不論在什麼地方，身處何種困境，他們都會生活得很快樂。因為快樂的人有個習慣，那就是用樂觀的眼光去看待周圍發生的一切。他們總是向前看，他們相信自己，相信自己能主宰一切，包括快樂和痛苦。

的確，你自己不但可以創造財富，而且你自己還是這些財富的指導者。生活是你自己的一切，選擇快樂還是痛苦都在於你自己。

要想贏得人生，就不能總把目光停留在那些消極的東西上，那樣只會使你更加沮喪、自卑，徒增煩惱，還會影響你的身心健康。結果，你的人生也可能被失敗的陰影遮蔽它本該有的光輝。

悲觀失望的人在挫折面前，會陷入不能自拔的困境；樂觀向上的人即使在絕境之中，也能看到一線生機，並為此而努力。

「要看到光明的一面。」一個年輕人對他滿腹牢騷、愁眉不展的朋友說。

百味人生，無不快哉

「但是，沒有什麼是光明的。」他的朋友心事重重地回答。

「那就把不光的一面打磨一下，讓它顯出光亮不就得了！」

是的，任何事物總有光明的一面，我們應該努力去發現，甚至去創造。

有兩個窮困潦倒的人，手裡都只有一元，悲觀的一位說：「咳，只剩這一元了！」

而另一位則樂呵呵地說：「嗨，我還有一元呢！」

可見，同樣的情境，樂觀者會看到生活中積極的一面，因而感到愉快、開心；悲觀者則只會看到生活中消極的一面，因而感到傷心、難過。

所以，你要想得到快樂，就必須養成一種樂觀的生活習慣，做生活的主人，而不是做它的奴隸，不要讓外在環境和他人來決定和控制自己的喜怒哀樂。

有人說過這樣一段話：「洗一個澡，看一朵花，吃一頓飯，假使你覺得快樂，並非因為澡洗得乾淨，花開得好看，菜合你的口味，而是因為你的心裡沒有障礙，輕鬆的靈魂可以專注肉體的感覺來欣賞、來審定。要是你精神不痛快，像將離別時的筵席，它烹調得再好，吃起來只是泥土的滋味。快樂純粹是內在的，它不是由於客體，而是由於人們的思想觀念和態度而產生的。」

我們都有這樣的感受：快樂的人在我們的記憶裡會留存很長時間，因為我們更願意留下快樂的而不是悲傷的記憶。每當我們回想起那些勇敢且愉快的人們時，我們總能感受到一種柔和的親切感。

詩人胡德說：「即使到了我生命的最後一天，我也要像太陽一樣，總是面對著事物光明的一面。」

到處都有明媚怡人的陽光，勇敢的人一路縱情歌唱。即使在烏雲的籠罩之下，他也會對美好的未來充滿期待，跳動的心靈一刻都不曾沮喪悲觀；不管他從事什麼行業，他都會覺得工作很重要、很體面；即使他穿的衣服襤褸不堪，那也無礙於他的尊嚴；他不僅自己感到快樂，也能給別人帶來快樂。

智慧錦囊：

在生活中我們一定不要讓自己的心情消沉，一旦發現有這種傾向就要馬上避免。我們應該養成樂觀的個性，面對所有的打擊我們都要堅韌地承受，面對生活的陰影我們也要勇敢地克服。要知道，垂頭喪氣和心情沮喪是非常危險的，這種情緒會減少我們生活的樂趣，甚至會毀滅我們的生活本身。

生活貴在知足常樂

俗話說：「知足者常樂。」知足常樂是一種良好的職場心態。當你懂得了知足常樂，就會戒驕戒躁，在職場上穩紮穩打，遠離浮躁的人際關係和緊張的工作壓力，這樣你會生活得更快樂。將更多的精力放在自己的工作上，也會使你得到更多的成功機會。

在職場中，知足常樂的人往往不是人們談論的中心話題，但也正因為這樣，知足常樂者往往能避開那些複雜的人際爭鬥。沒有人會排擠一個老實本分、兢兢業業的人，因為這樣的人對任何人來說都不會構成威脅。在上司眼裡，知足常樂者對自己的工作和待遇都很滿足，不會對公司產生抱怨，更不會對上司產生不滿。這樣的人是最符合上司心意的，這便是上司眼中「忠誠」的最好展現。

當然，我們說的知足常樂，並不是要大家消極地對待人生，做一個平庸的人，而是要我們克服太多不切實際的欲望。

貪婪和不知足是人類的弱點，因為人的欲望是無止境的。有的人看到別人整天有酒有肉就抱怨自己的生活差，等他們也過上這樣的生活時又會不滿足：「好多人都有房有車，如果我也有就好了！」等他們的夢想實現後，他們的心裡還是不平衡：「為什麼我開的車不如別人的車好，我住的房子沒有別人的豪華呢？」如此這般，不知他們的欲望何時才能休止。如果他們把那些想法當做目標和動力去追求，那倒是好事，但如果他們只是抱怨和幻想，而不採取實際行動去奮鬥和努力，那麼他們永遠都不會快樂，他們的想法也注定只能是神話故事而已。人活得快不快樂的最大因素來源於自己，有些身處逆境中的人，因為有希望和追求而體會著生活的精彩；有些身處順境中的人，卻因自己的某些奢望沒得到滿足而終日鬱鬱寡歡。兩種不同的人生態度造就了兩種截然不同的生活。

無謂的抱怨只會讓我們的心情越來越糟，而且對改變身處的不利狀況沒有一點幫助。

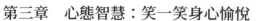

術業有專攻，行行出狀元。只受過三個月小學教育的愛迪生，十二歲開始就做火車工人，一個最底層的「藍領」。但他就是憑著堅持不懈的努力，對科學執著的追求，一步一個臺階地往前走，最後成為了一名偉大的發明家，更成為了一名成功的商人，你能說他不成功嗎？所以說，知足常樂重點是要放對心態，不把目標訂得太高，能正確地評估自己現在的能力和地位。對自己沒有正確的認識，無論是估計過高還是估計過低，都是有害於自身發展的。

美國著名的投資專家巴菲特有三條最基本的投資原則，其中一條便是：不要貪婪。一九六〇年代的美國股市牛氣沖天，到了一九六九年整個華爾街進入了投機的瘋狂階

生活貴在知足常樂

段，每個人都希望手中已經漲了數倍的股票一直繼續漲下去。面對連創新高的股市，巴菲特卻在手中股票漲夠百分之二十的時候就非常冷靜地悉數全拋。後來，股票出現大幅下跌，貪婪的投資者有的血本無歸，有的傾家蕩產。

職場上的知足常樂並不是消極地面對一切，而是在等待屬於自己的時機。許多人一生跟著自己的欲望走，一味莽撞，永遠沒有掌握等待的奧妙，事實上他們不清楚有些機遇是不屬於自己的，他們不滿足自己的現狀，便錯誤地認為別人的機遇如果降臨在自己的身上，也能夠改善自己的生活，所以就執迷不悟地奮起直追。到了最後，竹籃打水一場空，什麼都沒有得到。其實，職場上的知足常樂在某種意義上就是等待機會的學問，如果機會來了，就要緊緊抓住，就是為成功奠定了基礎。

要知道，在我們能力不足、基礎不穩固之時，燕子銜泥般地努力累積，不動聲色地等待時機成熟是一種智慧。一只小鷹，羽翼未豐時，一次次飛向矮牆，是在為有朝一日搏擊長空做準備，而一旦牠羽翼豐滿，一定會有一飛沖天的日子。孟子說：「故天將降大任於斯人也，必先苦其心志，勞其筋骨，餓其體膚，空乏其身，行拂亂其所為，所以動心忍性，曾益其所不能。」可見，關於明天、未來，古時已有聖人之言。人必須學會在今日努力，為明天等待。

急功近利的人常常庸人自擾，他們期待一夜成名、一夕暴富，卻忘記了自己的處境就如同沙漠裡的蒲公英，只有在每一個乾旱惡劣的日子裡默默累積力量，才能在得來不易的甘霖中舒展生命。

每個人都有願望和理想，而今天的所有付出和汗水正是在為未來努力，而你的辛苦不會因為你的知足而白白付出。今天和未來之間也許會有一段不小的距離，為縮短這距離，除了努力之外，唯有等待，未來畢竟是將來時，只有時間才能證明我們今天的努力所孕育的力量。努力和等待，都是在為成功做奠基。等待時機有時候是一件挑戰我們耐心的事，而知足常樂則是我們克服自己焦躁情緒的良藥。

智慧錦囊：

生活中我們常常會期待一步到位，這僅僅只能是一種美好的願望而已。隨著科學技術日新月異的發展，各種新知識、新技術、新產品層出不窮，今日你選擇了最新款的汽車，也許幾天之後，第三代、第四代已投入使用了。總有最新、更新的東西在一個叫明天或未來的地方向你招手，今天永遠是未來的過去時。世界永遠在變，改變才是常態。所以滿足於現在、立足於現在對於每一個人都顯得十分重要。

尋找快樂的藥方

一位牧師曾經講了這樣一個故事：

有一段時間，每個星期天早晨，都會有人將一朵玫瑰花別到我衣領上。那天，我正要離開講臺，一個小男孩走了過來。他站在我面前說：「先生，你要怎麼處理你的花？如果你會丟掉它，可否送給我？」我微笑著告訴他當然可以，並隨口問他要做什麼。這個大概還不到十歲的男孩仰首望著我，說：「先生，我要把它送給我的祖母。去年，我的爸爸媽媽離婚了，我本來和媽媽住，但她再婚了，要我和爸爸住。但爸爸也不願收留我，便送我去跟祖母住。她對我太好了，不但煮飯給我吃，還照顧我，所以我要把這朵漂亮的花送給她，謝謝她這麼愛我。」

聽完小男孩這番話，我幾乎說不出話。我取下花，對他說：「孩子，這是我聽到的最好的事，但我不能把花送給你，因為它不夠。如果你能走到講臺的前面，你能看到一大束花。每個星期都有不同的家庭買花送給教堂，請把那些花送給你的祖母，因為那才配得上她。」

小男孩最後一句話，更讓我深深感動並且永世難忘。他說：「好棒的一天！我只想要一朵花卻得到了一大束。」

這個善良的男孩是樂觀的，他沒有抱怨生活的不幸，反而以一顆金子般的心，去面對周圍的一切。而另外一個小女孩珍妮，同樣也是積極樂觀的。對她來說，生活的每一天，都是十分快樂的，而這種快樂，往往令我們成年人感到羞愧。

這一天，七歲的珍妮從學校回來，十分開心地對父親喊道：「猜猜我有什麼好消息？下個星期，我們班要演出了！在這齣戲裡有一個仙女公主，她長著一頭亮閃閃的長髮和一雙美麗的翅膀，穿著一件粉色的長裙，拿著一根金光閃閃的魔棒。」小女孩高興地蹦來蹦去，天使般的臉龐因為喜悅而顯得更加生動。隨後，她又氣喘吁吁地說：「我打算出演這個角色！」她一邊拍著小手，一邊咯咯笑著，還興奮地宣布說：「這是一部音樂戲劇，我還要唱首兒歌呢！」

「是嗎？真好，是位仙女公主啊！」珍妮的快樂立即打動了父親，他覺得自己也變成了一個孩子，和女兒一樣笑著叫起來。

珍妮興致盎然地點點頭說：「嗯，仙女公主的鞋子、頭髮都是金光閃閃的，她還戴著一頂美麗的王冠呢！」小女孩一邊說，一邊興奮地轉著圈兒，彷彿她正穿著仙女美麗的長裙，去整理那並不存在的翅膀和王冠。然後，她又轉過身，愉快地哼著跑了調的歌兒，蹦蹦跳跳地朝她的小房間走去。

幾天後，珍妮一回到家就興奮地嚷道：「知道嗎？我們今天預演了呢！」看她高興的模樣，父親猜她一定扮演了公主才這樣高興的。

「這麼說，你演的仙女公主很成功嘍？」父親高興地問女兒。

「不，我並沒有演仙女公主，我演的是一朵花！他們選我演一朵花！」珍妮糾正父親說。她搖著可愛的小腦袋，那長長的、褐色的捲髮也跟著不停地搖擺。

「是花？」父親感到有些意外。

「是啊！」小女孩高興地向父親解釋，「到正式演出的時候，我會戴上紫色的花瓣，穿上綠色的緊身衣。」珍妮一邊說，一邊想像著頭髮裡也長出了花瓣，就像當初她想像著戴上公主王冠的時候一模一樣。

「好極了。」父親說，他知道女兒非常渴望演唱，就問她，「那麼，花唱的是什麼歌呢？」

「花這個角色不需要大聲唱。」小女孩純潔明亮的大眼睛一眨也不眨地看著父親說，「花的臺詞是悄悄話，別人是聽不見的。」說著，小女孩輕輕地把一根手指放到唇邊，做了個不要出聲的動作。

「她的同學的角色幾乎都有說或是唱的機會，只有她沒有，可是她還是那麼開心。」父親後來對朋友說起這件事時，臉上露出了欣慰的表情。因為，他養育了一個健康、快樂的好女兒。

一般人總能從半杯水中看到空了的半杯，而珍妮卻能看到滿著的半杯。彷彿她總是這麼快樂，沒有什麼值得她煩惱的事情。在她的生活中，她可能會得到她想要的，也可能不會。但無論出現哪種情況，我想她都會很開心。因為，她能從扮演一朵沉默的花中找到快樂，而不是從失去扮演仙女中感到失望，這種健康的心態才是最寶貴的。

心態不同，人們眼中的世界也不相同。「感時花濺淚，恨別鳥驚心。」是悲觀者的世界；春光燦爛，鳥語花香，是愉悅者的世界。生活就是這樣：一切的美都在它的過程之中，而過程中的美是只有擁有輕鬆的心態才能體會得到的。騎車踏青的目的不在於你最終是否到達了世外桃源，而在於你沿路將多少美景盡收在了眼底。然而，一個總是行色匆匆、急於趕路的人，是永遠也體會不到欣賞美景所帶來的樂趣的。那麼，就讓我們從現在開始，摘掉有色眼鏡，用一雙善於發現的眼睛，時刻尋找、感受生命所賜予我們的樂趣吧！

智慧錦囊：

現實生活中的我們，很多時候缺少的就這種去尋找快樂的心。快樂不是沒有，而是我們往往太過貪婪了，總覺得這還遠遠沒有達到該快樂的程度。其實，快樂沒有大小之分，只在於你是否擁有一顆肯快樂的心！

改掉過度緊張的習慣

某位諧星在他的小品中，有一段精彩的表演。這個小品大家都很熟悉，講述了兩個中年男女同時到電視臺徵婚，最後走到一起的故事。其中有這麼一段，女的要幫助男的進行上鏡前的排練，男的頓時非常緊張。

女的就鼓勵他：「你拿我大頭當鏡頭，千萬別緊張。」

男的努力使自己鎮定，說：「好，我不緊張！」

女的說：「別緊張啊……預備，開始。」

男的立刻正襟危坐，開口就是：「我叫不緊張！」

小品以誇張的形式，表現了人們在特定情形下的緊張狀態。其實，我們本身就生活在一個充滿緊張的世界裡，不安因素環繞在我們身邊，城市中各種機器音響造成人們一片緊張，我們的臉上或言談中隨處都顯現出一種緊張。緊張已經完全深入到我們的生活、工作中。

緊張，已經成為現代生活的代名詞。

誠然，某種程度的緊張是必要的，正常的緊張可以讓你保持奮發，不斷刺激你，讓你高效率地工作。然而，緊張一旦過度，就會影響你的正常工作和生活。緊張過度，會給自己造成很大的壓力。

人在身體方面的壓力，很多都是由心理緊張而引起的。當我們內心被一個問題所困時，身體也會被其所困。我們的肌肉會緊張起來，不知不覺會使我們感到有壓力。所以我們必須控制壓力，保持冷靜沉著。

因此，人除了在緊張、繁忙的工作和生活環境之外，還要有一個可以用來調整精神的私人休息場所。因為「能力來源於沉默和信心」。要領悟生命的深層意義，就不要受時間的束縛，而應該保持身體和精神的安靜。

如果你學會了如何保持平靜，那麼不論情況如何緊急，你都能泰然處之。

當你感到太緊張時，那就自我放鬆一下吧！比如：你可以採用下面這個簡單的方法：

首先，集中你的心力，從眉毛開始，將雙眉緊鎖。其次，收緊下巴、唇部和咽喉部分的肌肉，一點也不放鬆。再次，繃緊肩部的肌肉，用力握緊雙拳，收縮腹部肌肉，將膝蓋壓緊。最後，雙腳用力踩地面。

如果你照上面所說的做了，那麼你全身每一條肌肉都已緊繃。就這樣持續一分鐘，感受你這樣全身緊張需要用多大力量。

接下來，你需要從緊張中放鬆下來。把前面的過程倒過來做一次。從眉毛、下巴、嘴唇、喉嚨，然後肩部、雙手、腹部與大腿，一直到腳部，慢慢放鬆。你自己要假想一切都是自由自在的，讓肌肉全部放鬆，沉沉地坐在椅子上，想像全身沒有力氣，讓椅子承受你的全部重量，你的肌肉不必擔負任何重量，使你的全身上下都鬆弛下來。

這樣做，能在一定程度上緩解你的緊張感。但若想更徹底地放鬆下來，你可能需要暫時離開這種緊張的環境，比如放下工作休息一段時間，使整個身心都得到徹底的放鬆。

如果你實在拋不開緊張的生活，就要學會說「請等一下」這句話，使心靈中充滿安寧的思想，保持冷靜。避免匆忙地完成目標，學會後退計畫，安排足夠的時間來完成目標。

智慧錦囊：

我們要學會控制緊張，就像看電視一樣，能開能關。這樣才能運用緊張來為我們的目標服務。當緊張給我們形成高度的壓力時，我們可以隨時關上它。而當你需要放鬆時，如果能從緊張之中釋放出來，就可以將所有壓力排除。

讓笑容代替仇恨

仇恨如堅冰，需要用微笑的陽光去化解。

在恰當的時間、恰當的場合下，一個簡單的微笑可以創造奇蹟，可以使陷入僵局的事情豁然開朗，可以使刻骨的仇恨變得煙消雲散。比如兩個死對頭，有一天突然和好了，大家握握手，成了朋友，這就叫相逢一笑泯恩仇。

由此可見微笑的神奇。當然，冰凍三尺，絕非一日之寒，仇恨也不是一兩次微笑就能化解的，需要長期的努力。

生活中常見這樣的情況：兩個人本沒有什麼深仇大恨，只因為一些小摩擦，所以一見面就橫眉相對，恨不能活吃了對方。這又何必？除非是正義與邪惡的對立，二者水火不容。既然只是尋常的怨氣，何不一笑釋之呢？

想想看，如果你總是面帶笑容、溫暖如春，時間長了，就算對你意見再大的人，也該冰釋前嫌了吧？見面三分笑，仇怨自然消，還是很有道理的。否則，人人都是怒目金剛，這個世界上恐怕就沒有春天了。

一個人親切、溫和，臉上總是洋溢著笑意，遠比他穿著一套高檔、華麗的衣服更引人注意，也更受歡迎。因為微笑是一種寬容、一種接納，它縮短了彼此之間的距離，能

讓笑容代替仇恨

使人與人之間心心相通。喜歡微笑著面對他人的人，往往更容易走進對方的天地。

其實，微笑的力量還遠不止這些。

斯坦哈是個嚴肅的人，他已經結婚十八年了，可是這十八年來他很少對妻子微笑，或對她說上幾句話。在公司裡，他也是最「悶悶不樂」的人。

後來，有個朋友勸他學會微笑，他決定試一個星期看看。

因此，在第二天早上梳頭的時候，他看著鏡中滿面愁容的自己，說：「今天要把臉上的愁容一掃而光。要微笑起來，現在就開始微笑。」當他坐下來吃早餐的時候，他用「早安，親愛的」跟妻子打招呼，同時對她微笑。

妻子簡直被搞糊塗了，一時驚詫萬分。斯坦哈對她說，你以後會習慣我這種態度的。此後兩個月，他們家得到的幸福比以往任何時候都多。

斯坦哈去上班的時候，對大樓的電梯管理員微笑地說「早安」；他也微笑著和大樓門口的警衛打招呼；在跟地鐵裡的出納小姐換零錢的時候，他也微笑著；當他接待客戶時，會對那些從未見他微笑的客人微笑。

斯坦哈很快發現，當他微笑著面對每一個人的時候，每個人對他也報以微笑。他以一種愉悅的態度對待那些滿腹牢騷的人。一面聽著他們的牢騷，一面微笑，於是問題就很容易解決了。更重要的是，他發現微笑給自己帶來了更多的收入。

你看，一個微笑，居然能收穫這麼多。難怪學者們強調：「微笑是成功者的先鋒。」

的確，如果說行動比語言更具有力量，那麼微笑就是最有效的行動。因為微笑往往表示的是「你好」「我喜歡你」「你使我感到愉快」「我非常高興見到你」。正如一位人事經理所說，他寧願僱用一名有可愛笑容而沒有念完中學的女孩，也不願意雇用一個板著冷冰冰臉孔的哲學博士。

知道微笑的重要性了吧？那麼，從現在開始，學會對每一個人微笑吧！

智慧錦囊：

仇恨如堅冰，需要用微笑的陽光去化解。在工作和生活中，更是無時無刻不需要微笑。古代的商人向來絕頂聰明，對任何事物都看得很透徹。他們有一句名言，我們應該牢記在心，那就是「和氣生財」。

第四章 職場智慧：讓一分左右逢源

在職場中與人相處，關鍵在一個「讓」字，但是要做到這一點並不容易。因為職場同時也是一個功利場所，這裡充滿了利益的爭奪──爭職位、爭權利、爭薪水、爭寵愛……總之我們每天都在爭奪。但是為什麼不換個角度，學會去「讓」呢？當你真正掌握「讓」的奧妙時，也許你會得到更多。

和為貴，爭強好勝易吃虧

要維護好人際關係，最重要的一個原則就是：以和為貴。如果總是爭強好勝、不知謙和，那麼必然難以與人相處。當然要想建立良好的人際關係，也無從談起。

傳統文化的基本特點是追求人與自然、人與人、人與自我的普遍和諧。「和為貴」一詞出自《論語》。孔子說：「禮之用，和為貴。」主張借禮的作用來保持人與人之間的和諧關係。孟子提出「天時不如地利，地利不如人和」的思想，表達了對人與人之間和諧關係的追求。

人與人之間的交往既要堅持自己的操守原則，又要適應新環境，善於和各種各樣的人和睦相處。

以和為貴，是傳統觀念中人際社交的基本準則。傳統觀念主張謙恭自律，不要凡事和人爭高下，追求平和、寬容、順從，而不是過度突出自我，爭強好勝。

一個人只要不是離群索居，與世隔絕，就必然要和各種各樣的人交往。能不能正確處理好這種人際關係，直接影響到一個人的思想、情緒、生活和工作。在生活中，爭強好勝、妄自尊大者從來都不討人喜歡。他們的人際關係往往是一團糟，有的甚至成了人人討厭的孤家寡人。

初入社會的年輕人，接受新知識、新觀念快，富有開拓創新精神，這是一種難得的優勢，但如果把這種優勢誤作為追求名利、譁眾取寵、恃才傲物的資本，就很容易走入狂妄自大、爭強好勝的盲點。在社交場合，無論你的知識多麼豐富，口才多麼犀利雄辯，都應該時刻以謙恭的態度嚴格約束自己。

要做到以和為貴——與每個人和睦相處，並不是一件很容易的事情。具體來說，需要從以下幾點做起：

・要表現得中庸一些

無論你平時怎麼樣，至少在公司裡要表現得中庸一些。一個老闆在訪談錄中曾說：以中庸拒絕極端。可見，老闆不喜歡過於有個性的員工，因為過於有個性就是偏激、極端，會讓公司不好管理。

・做人低調一些

不要過於張揚，尤其當你還是新員工的時候，不要表現得像個交際大使，處處炫耀自己，高人一籌。一不小心你就搶了某些人的風頭，引起別人的嫉妒。當你工作中需要向人討教，有求於人的時候，可能會受到為難和排擠。當然你可以適時地表現，適時地張揚一下，當然要看時機是否恰當。時機對了，表現一兩次就足以讓人對你刮目相看。

．不要太爭強好勝

職場中有很多人認為，在工作中一定要突出自己的能力，只有這樣才能坐穩自己的位置。因此，在工作中處處爭強好勝，而且總愛把別人比下去，把自己的能力表現出來。但是他們沒有想到，這樣只能引起同事的反感，同時也給自己增加很大的壓力。

名校畢業、成績優秀、能力出眾的王建強剛到一個公司工作時，為了突出自己的能力，不僅把自己的工作完成得很好，還處處幫助同事。

可是，他漸漸發現，同事們個個都疏遠他，就連部門主管也時常刁難他，這讓他感覺壓力很大。後來聽到同事在背後的「議論」，他才意識到，自己在他們眼裡是一個「鋒芒畢露、爭強好勝……」的人。他這種做法看似在幫助同事，實則在為自己的功勞簿上添功。

爭強好勝的人往往過得不快樂，因為他們忘了保持一顆平常心是快樂的祕訣。職場競爭變幻莫測，並不是你夠聰明、夠努力就一定能獲得成功。當工作中面臨一些利益時，很容易導致同事之間的不良競爭，甚至是惡性競爭。職場中的這種不良競爭容易使人產生一系列的消極心理，如攻擊、逆反、壓抑等。把在惡性競爭中引起的憤怒、怨恨等不良情緒表現出來——或怒目而視，或諷刺挖苦，或打擊他人。與此同時，自己也感到身心疲憊。於是就採用各種方法來壓抑自己，把憤怒、焦慮的情緒埋在心底，而表面表現出正常的情緒狀態，久而久之，就會給身體帶來很大的危害。

人在職場中，要養成一種「不爭」的態度。這裡所說的不爭，不是什麼都不做，而是要有原則地把欲望控制在「知足」之內，根據自己的能力，根據自己的實際資源來期望自己，協調好工作和生活的關係，不要成為「要職位不要生活」的工作狂。切忌和同事比較職位、薪水等，要在競爭中培養欣賞別人的氣度。要知道「天外有天，人外有人」，一味只看到自身的優點是不夠的，要學會用欣賞的眼光去看待別人，找出自己的不足，盡可能地完善自己，提高自己。

人活在世上應該是件快樂的事情，最可怕的不是別人為難你，而是自己為難自己。同事之間各有長短，如果在所有方面都要爭拿第一，拿自己的缺點與別人的優點比，必然會比得垂頭喪氣，信心全無，這樣的人又怎麼會快樂起來呢？

因此，身在職場，要養成一種「不爭心」，這也是給自己減壓的最好辦法。

智慧錦囊：

人際關係是建立在彼此讓步，而非爭強好勝的基礎上。傳統文化重視人與人之間的和睦相處——待人誠懇、互相關心、與人為善，推己及人、求同存異，以達到人際關係的和諧。而爭強好勝往往會使人際關係變得緊張。

維持好與每個人的關係

對於一個在職場打拚的人來說，維護好人脈關係顯得尤為重要，它包括維護許多複雜的關係：與老闆的關係，與下屬的關係，與同事的關係，與客戶的關係，與競爭對手的關係等等。如果你不能維護好這些關係，那麼你在職業生涯中將舉步維艱。

那麼，應該如何去維護職場中這些錯綜複雜的關係，充分發揮自己的人脈網路潛力呢？

首先，在對待上司的時候，你應該本著先尊重後磨合的態度。

任何一個上司，能做到這個職位，必定有其過人之處。這也是值得你學習借鑑的，你應該尊重他們精彩的過去和傲人的業績。當然，每一個上司都不是完美的。要讓上司心悅誠服地接納你的觀點，你應在尊重的氛圍裡，有禮有節、很有分寸地磨合。不過，在提出質疑和意見前，一定要拿出詳細的、足以說服對方的資料與理由。

其次，在對待同事方面，你應該多去理解，慎重支持。

對同事你千萬不能過於苛求，在發生誤解和爭執的時候，一定要換個角度，站在對方的立場上去考慮，理解對方的處境。情緒化往往只會使相互之間的關係一落千丈。同時，對於工作，我們要擁有摯誠的熱情。對同事則必須選擇慎重地支持，支持意味著接納別人的觀點和思想，而無條件的支持只能導致盲從，也會滋生拉幫結派的嫌疑。

其次，在處理與下屬的關係時，應該本著幫助與聆聽的原則。

幫助下屬，其實就是幫助自己，因為員工們的積極性發揮得越好，工作就會完成得越出色，也能讓你獲得更多的尊重。而聆聽更能體會到下屬的心境和了解工作中的實際情況，為準確回饋資訊、調整管理方式提供了翔實的依據。

如果你剛剛晉升，舊同事裡，除了資歷比你淺、能力比你弱的人以外，自然還有一些資歷比你深、年齡比你大、能力比你強、經驗也不比你豐富的人。此時，你所面對的已不是你新任基層主管的喜悅，而是由一些惶恐、心虛和歉疚融合起來的綜合情緒。這種情緒是你以往所不曾擁有過的，這是造成你緊張不安的主要原因。

當然，你需要進行自我反省及肯定。或許你不是最好的，在公司裡有人比你更優秀，但是既然你已坐上了這個位置，你就大可不必太惶恐、太謙虛。當然，你也不可以馬上變得冷漠而傲慢，讓人感覺你晉升了之後就有了「官架子」。

在你沒有晉升以前，公司裡一定有一些和你特別熟悉及親近的同事，你要注意：在公開場合，要稍收斂一些，以免給別的同事帶來太大的壓力；在工作上，一定要「對事不對人」，不能給你熟悉的人有任何禮遇及優待；在私下裡，他們原本就是你的親密朋友，自然應該維持以往的關係，這是合情合理的。

而原來就和你不太合得來或不來往的同事，在你升了主管之後，你要主動去接近他們。在你未當主管之前，他不理你，你也不理他，沒有什麼瓜葛，這沒有關係。現在你當上了他的主管，他可以依舊不理你，但是你能忍受撥一下他才動一下的局面嗎？如果不能，你就主動化解你們以前的隔閡。其實，大事化小原本就是做主管的一項基本訣竅，更何況那些原來與你不合或不來往的同事，見你升了主管，雖然心裡不是滋味，但最起碼也不想得罪你。如果你能主動地先去找他們示好，那麼以前的任何誤會都可以一筆勾銷了。這有利於你以後工作的發展，同時也展示了你開闊的胸襟。

最後，對於競爭對手，你應該表現出良好的涵養。

維持好與每個人的關係

無論在工作還是生活中，競爭對手可能處處存在。當你超越對手時，沒有必要蔑視他，因為他也在尋求上進。當面對你的對手時，也不必心存芥蒂。無論對手如何使你難堪，都要保持大度的寬容風範，因為真正的勝利者是不會介意這樣的舉止行為的。

維護好人際關係網是付出和給予之間的不斷平衡，一種雙方同意的公平交易，這裡談不上什麼道德評價問題。人際關係網路中，誰在關係網中處理得當，誰就會認識更多的人且被更多的人認識。理想的工作、含金量高的點子、具有決定意義的優勢資訊——那些整日拘泥於自己軀殼裡孤僻的人是永遠不會具備這些成功的要素的。而那些經常讓別人看見，和別人交往的而且有時也會到社區論壇上走一遭的人才能輕鬆獲得成功的門票。只有這樣的人才能被另一人群所接納。這個人群中的人通常會探討如何在職場中獲得成功，悄悄交流哪裡會出現某個職位空缺，他們通常也能透過交流來消除自己內心的疑慮。

從我們的生活伴侶到工作同事，再到經常光顧的路邊攤老闆——每個人平均要認識五百個人。這些關係都可以好好利用起來並運用技巧將牠們聯繫起來。如果你善於處理自己的人際關係，就一定能獲得像蜘蛛那樣的神奇力量，你的人生也將因此變得豐盈。不管你是在找一份新工作還是買一臺便宜的筆記型電腦，只要你並不知道誰能夠幫助你，「撒網」就可能會派上用場。將你的願望告訴你熟識的所有人。透過口頭廣告肯定會讓你受益匪淺。

智慧錦囊：
人際網路要勤力維護，缺乏妥善的管理會讓你最初的努力功虧一簣。你只有不斷地維護自己的人際關係，才能在不順利的時刻獲得幫助。

千萬不要以自我為中心

要做好同事關係，就要學會從其他的角度來考慮問題，處處替他人著想，切忌以自我為中心，要善於做出適當的自我犧牲。

職場上我們要完成一項工作，經常需要與別人合作，那麼同事之間的相互支持是我們順利工作的保障。而在具體工作中，同事之間相處需要勤溝通，相互了解各自的想法及工作情況，這樣更有助於工作的順利進行，在工作中若想少走彎路，就要學會虛心接受同事提出來的意見及建議，千萬不要以自我為中心，獨斷獨行，更不要只埋頭苦幹，不抬頭看路，要多聽聽別人的看法和意見，學學他人的經驗和做法。在遇到不同意見時，要遵守一條原則：對事不對人。討論結束後，大家還是好同事、好朋友。透過與同事相互溝通、協作，你的工作與人緣肯定會更加出色。而在取得成績之後，邀請大家一同分享，切忌處處表現自己，將大家的成果占為己有。

千萬不要以自我為中心

相反，如果你整日盤算的就是自己那點蠅頭小利，那麼你做任何事情都會以自我為中心，只考慮自己的感受和個人利益，也一定會受到同事們的疏遠，而影響自己的正常工作。

孟非兩年前應聘到一家公司從事建築設計工作，他對工作認真負責，可很少與同事交流。有一次，他利用週休日加班，將已經擬訂好的設計方案自作主張地做了修改，也沒存備份。為此，設計室主任狠狠地責罵了他，同事們也只好陪著他加班趕製設計圖。孟非卻認為自己的設計有創意，心中對主任和同事感到很不滿。後來，同部門的同事出差時請他領個包裹，或職稱考試時求他代個班，他都不願意，認為自己做好分內的工作就夠了，沒必要去為別人做什麼。不久後，他便成了公司裡的邊緣人，連在餐廳吃飯，別人也不願意和他坐在同一個餐桌上。

在工作中要與同事溝通，如果出現案例中的情況，該怎麼辦呢？

首先，應該從自身找原因，面對同事的排斥，應該認真地自我反省，從自己身上找原因，看是不是工作中太以自我為中心，給同事愛出風頭的感覺；是不是最近忙於工作，冷落了與同事之間的感情交流？

那你就應該從小事入手來增進同事之間感情，比如：不再拒絕同事熱情分送的零食，和要好的同事分享工作八小時外的小祕密等。這樣，平時和大家打成一片，改變你留給別人清高、傲慢、難以相處的印象，使他人更容易接受你，同時也就縮短了你與同事之間的感情距離。另外，互相交流資訊、切磋自己的體會都可融洽人際關係。利用下班時間，培養自己多方面的興趣，以愛好結交朋友，參加一些同事之間的活動，加強與同事之間的溝通，消除與同事之間的隔閡，也是一種好辦法。

其次，工作永遠是第一位的，在做好本職工作的同時，也要讓別人看到你的能力，但是不要張狂自負，不要到處炫耀。根據對自我的分析，進行自我評價，透過改變工作方式，消除同事對自己的誤解。替他人著想還表現為給他人提供機會、幫助其實現生活目標，遇到不懂的問題，虛心向他人學習，不要固執己見、一意孤行。只有這樣，你才能得到他人的承認，與他人很好地相處。當然，這樣也就拉近了你與他人之間的感情距離。

再次，還要學會換位思考，要多從其他同事的角度去考慮處理問題。只有做到這樣，大家才能互相理解、互相信任、互相支持，形成和諧共進的局面。

與同事交往中，太過自我很容易被人誤解為自私、冷漠。如果你眼裡沒有別人，別人眼裡自然也不會有你。特別是在同事、他人遭到困難、挫折時，需要你熱情地伸出援手，若你板著一張冷漠的臉孔，顯出一副事不關己的樣子，一定會傷害對方的自尊。反之，你熱情待之，即使你對同事的請求無能為力，也會在情感上給對方以支持，對方自然會產生一種受尊重的感覺。良好的人際關係往往是雙向互動的，你給予別人種種關心和幫助，當你自己遇到困難時也一定會得到援助。尊重他人，對他人的痛楚表示關心，對他人的困難給予幫助。獲得他人的尊重，有利於建立和諧的工作關係。

相反，如果對方不願意告訴你或者不能幫你辦的，他肯定有自己的理由，你一定不要強求別人按照自己的思路去生活。其實，這世界上沒有任何人該為對方做什麼？我們應該懷著一顆感恩的心去感謝對方。學會換位思考，同一件事情能站在對方的角度進行考慮，不管是在家庭還是在工作中，這都是社會所需要的。

千萬不要以自我為中心

相互理解、相互尊重也是重要的一條。你的同事可能在某些地方不如你，或存在缺點、錯誤，但切不可因此去譏笑別人，更不要以此而看不起他人。

虛心向同事討教，也是提高同事尊嚴的好方法。期待每天可以向可能見面的人取經，即對周圍同事保持高度興趣，製造雙方互動有益的話題，當你徵詢他們的意見時，他們會覺得自己受到關心、被他人需要、被他人敬重，於是也就非常樂於提供各種意見。人無完人，應該學會理解並幫助他人改正缺點、錯誤。最重要的是：學會欣賞別人、承認別人的價值和成就。這對處理好人際關係是至關重要的。

在與同事交往過程中，尊重自己、尊重別人，並恰到好處地表現出來，就能妥善地處理好人際關係。

智慧錦囊：

在與人接觸時，不同的角色有著不同的行為規範，所以和不同的人相處時，也有不同的要求和技巧。只要你不只是站在自己的角度考慮問題，而是多為對方著想，相信在職場也一定會成為受歡迎的同事。

凡事站在對方的角度考慮

我們不少人職場不順利，常常怨天尤人、憤憤不平，卻很少從自己身上找原因。如果站在別人的角度上來看自己，思維方法會截然不同，其結果也可能大相徑庭。

在工作中，要學著去成就他人。大家在一起工作，我給你服務的同時，你也在給我服務，大家都互相幫助，工作就會輕鬆起來，樂趣也就會隨之而來。為了人際關係的和諧，在日常生活中，我們要經常從別人的角度來考慮問題。

同事之間相處，難免會發生一些摩擦的事情。對於一些小的事情，如果斤斤計較、針鋒相對，對自己、對別人都是一種傷害。如果遇到不開心的事情的時候，可以換個角度思考，如果站在別人的角度上來做這件事情，結果會怎麼樣呢？

凡事站在對方的角度考慮

有一次，小張和小李在快下班的時候，同時接到了老闆的任務——緊急完成一份材料，很明顯，這是誰都不願意做的工作。小張正要找個理由先走，沒想到還沒開口，小李倒先說他要去女朋友家吃飯。雖然小張很不高興，但是礙於面子也裝作大度地同意了。小李走了以後，小張正在煩悶中，突然想到：如果自己先說了要走，小李肯定也會同意的，那麼站在他的角度上想一想不是一樣嗎？為什麼不寬容一些，讓自己和別人都高興一點呢？這樣一想，小張的心情就好多了，自己一個人很愉快地把工作完成了。

像這種情況，在日常工作中是經常遇到的，不少人因為賭氣和同事斤斤計較，結果彼此關係弄得很緊張。其實，如果像小張一樣，從同事的角度來考慮一下，再做事情的心情就截然不同了。那麼，下次如果自己遇到什麼急事時，同事也會將心比心的。

作為新人，張哲宇被分派到公司最能幹的專案經理張姐的手下做助理，可以常常參與重大專案，他為此非常慶幸。一向自視清高的他暗想，這下可有機會好好展示一下自己的實力了。一次例會上，張姐讓大家對下一步的工作方案發表意見，急於自我表現的張哲宇不等張姐多說，便高談闊論起來。令他頗為沮喪的是，張姐並沒有採納他的意見。然而，他不但沒有收斂的意思，還做出一些與眾不同的事情來。把一份給客戶的報告擅自增加了很多新奇的內容，結果他遭到了同事的批評，而他並不覺得自己有錯，拒絕修改，還說：「你們這叫故步自封，懂嗎？」正巧被經過此處的張姐聽到了這句話，他遭到了張姐的訓斥。

即便如此，張哲宇對工作還是十分熱心，對同事負責的專案經常「指點」：「這個客戶很麻煩的，你搞不定的，還是我來幫你吧。」有時候，他好心幫忙，卻遭來同事的拒絕。時間一長，張哲宇發現同事們對他漸漸疏遠，討論工作的時候還故意支開他，聚會吃飯也「忘」了叫他，他很是不解，難道熱情有什麼錯嗎？為什麼大家都疏遠自己呢？

作為新人有想法、有幹勁是沒錯的。但是傲慢到無法與別人合作的程度，那就得深刻地檢討自己了。而且要想讓同事接受你的意見，除了要你的意見出色以外，還得融入大環境才行。那麼，在工作中我們若遇到張哲宇這樣的情況該如何應對呢？

首先，要知道新手施展才華需要找一個正常管道，不是為了出風頭，逞一時之能，而是為了更好地解決問題。工作中，要想獲得不錯的影響力，就必須將自己的位置放對，以真待人，以情動人，以誠感人，加強與同事之間的交流和溝通。

其次，態度決定姿態，設身處地地為同事著想，不要對他人指手畫腳，甚至把別人的工作攬到自己身上。同時還要關心同事的生活，工作之餘交流一些私人問題，做他們的貼心同事。

再次，聽取是一種美德。遇事溝通時，應當虛心聽取同事們的意見，對待持不同意見者，不能採取高壓政策，而要善於聽取他人意見，廣納群言，對自己的方案進行可行性的修訂，避免純粹理想化方案設想，要知道，變革只有在大家能夠接受時才是成功的變革，否則變革不是夭折就是效果很差，最終害了自己。

智慧錦囊：

我們要努力去了解別人、理解別人，凡事多從別人的角度考慮分析問題，這樣既能減少不必要的摩擦，又能增進友誼、促進合作。我們可以試著設身處地地站在對方的位置問一下自己：會怎麼想、怎麼做。別人之所以那麼想、那麼做，一定有他的原因。如果我們能如此考慮問題，就會合作得更愉快。學會與人合作，自覺地樹立合作的意識，最終把這種意識帶到生活的每一個角落中去。

與人交往要注重細節

同事今天換了一個新髮型，如果你發現後應及時地稱讚，說不定他會因為這點小事而對你產生好感；對你一直敬畏的上司詢問一句客套話，這也許是你們改善關係的一個良好開端；在會議上習慣性地關掉手機放在桌上，說不定會因此讓他人對你刮目相看……所以，我們在與人交往時，一定要注重細節，那麼需要注意那些細節呢？以下五點供大家參考。

‧善於發現並讚美他人的「特質」

無論是那些地位低下的人還是心存自卑的人，他們都有自己自豪的地方。這些使他們自己陶醉的「特質」可能非常小，有些小得只有他本人心裡才清楚，有些甚至連他本人也沒發現。如他們擅長做一道美味的菜餚；擅長折疊各種各樣的紙飛機；精通某種樂器……如果你對他們這些小小的長處予以稱讚，肯定會令他們高興的。要知道，從獲得人緣這個角度來說，稱讚小小長處比誇獎人人皆知的優點更有效果。

陳冠新第一次坐柳師傅開的轎車。當時正值上下班高峰時間，路上交通擁擠，但柳師傅開的車穩而不慢。這時，陳冠新開口說道：「柳師傅，你在這樣的情況下還能開得這麼穩這麼快，真不簡單，真有辦法！」想不到這句衷心讚美之辭，使柳師傅非常高興。因為他駕駛技術確實高超，尤其是在繁華道路上如何行駛，更有自己的獨到之處。在陳冠新坐他的車之前，從未有人這樣誇獎過。這件事情雖然過去十多年了，但柳師傅對當時的情景還念念不忘，並且還時常誇獎陳冠新有眼光。

小小的「特質」可做大文章。用心去挖掘和讚美他人的「特質」吧，也許他們事後會忘記這個小小的「特質」，但他們絕不會忘記你在誇獎他們時給他們留下的好感。

‧記住他人的「隨意話語」

我們每個人每天都要說很多話，有心的和無心的，重要的和不重要的，鄭重的和說笑的。人的話語並非句句金科玉律，並非句句擲地有聲，有些話語說過了，不僅聽的人會忘，而且連說話人自己也可能會忘。因此，這種隨意話語很有文章可做，如果你適時適地提起他以前說過的話，如：「你曾說過……至今我還記憶猶新。」對方一定會因為受到你的重視而高興萬分，認為你是一個細心的人，一個非常關心他人的人，進而把你引為知己。如果你不但記住了他人的隨意話語，而且還按照他人的隨意話語做事。事後當你說起這件事時，效果就更加顯著了。

一天，小張高高興興地給老尹送去一大包味道香美的醃醬。送給小張時說：「我剛從老家回來，把以前答應送你的家鄉特產醃醬來給您。」經小張這麼一說，老尹才恍然想起，半年前兩人一起喝酒時，小張曾說過「我們家鄉特產醃醬，味道棒極了」，而老尹當時接著開玩笑說：「既然這樣，等你回老家探親的時候也給我一瓶吧！」實際上，這只是他的一句玩笑話，說完也就忘了。現在，小張卻鄭重其事地把醃醬送來了，老尹便感動得不得了，兩人間的心理距離隨即大大縮短了。

黃金往往掩藏在不起眼的泥土中。留意並記住他人的隨意話語吧，如果開採得當，「人緣黃金」會使你無比富有。

．關心別人不注意的小事

「你過你的日子，我們為你照顧細節。」這是德國一家著名銀行的廣告詞，據說，此廣告發布後，這家銀行的可信度大大提高。細節並非只是適用於廣告，生活中，能夠適時做點令他人意外的小事的人會使人們特別放心。做點他人意外小事，是塑造自己形象的一個重要招術。

一位哲人說過：任何細枝末節都具有特別重要的意義。既然這樣，就做點令他人意外的小事吧，這是對自身形象進行精雕細琢的重要舉動，人們也會因此對你驚嘆和讚賞的。

・關心他人的「細微變化」

沒有人不願意接受別人的關心，也沒有人會對關心自己的人產生反感。所以，要想贏得好評，就需要將你對別人的關心適當地表達出來。如果你發現對方穿戴、容顏等方面有細微變化，最好能立刻指出。如果對方換了新領帶，你說聲：「這條領帶你第一次戴，在哪裡買的？」他一定會愉快地接受你的關心，對你產生好感。特別是女性，尤其注意自己的穿戴，一旦有人注意到了她服飾的變化，她定會感到由衷地欣喜，這時你們之間的距離也便隨之縮短了。

女孩曉芳對男友陳志弘非常陶醉，令她特別滿意的是陳志弘有注意微小事物的細心。譬如：她從美容院出來，梳著一個新髮型，陳志弘會興致勃勃地欣賞一番；昨天晚上沒睡好，今天，陳志弘一眼就看出她臉上所帶的倦容，並且關照一番；曉芳衣服上別了一個小小的飾品，陳志弘定會詢問一下。由於陳志弘時時都在注視著她的變化，因此曉芳感到十分滿足。陳志弘在小處所做的文章效果遠勝過金錢所起的作用。

不只男女之間，任何兩個人如果不用提示，馬上就能發現對方的微小變化，並且真誠稱讚，這樣的話，他們之間的感情肯定會非常融洽。所以，人們萬不可在交際對象身上粗心大意，應處處留心對方的芝麻小事。

・多用肢體語言表現你對細節的關心

與別人交談時，你不妨高興時就揚起眉毛，嚴肅時就瞪大眼睛，疑問處率直詢問，聽完後簡要複述。這樣的話，你就會給人留下頭腦靈活、擅長交際的好印象。如果你節奏勻稱，舉止緩慢，動作莊重，穩若泰山，那麼就會給人留下氣度不凡、從容鎮定的印象。對於別人的邀請，如果你能拿出筆記本，認真地記下約會時間和地址，那麼別人就會認為你是個講究信用的人。這些都是交際細節，因為你加以修飾，所以增輝了你的交際形象。小處不可隨便。這很可能關係到你能否獲得成功，是否會免遭失敗。

有一位售貨員非常受顧客的歡迎，經他手賣出的商品要比其他售貨員多得多。為什麼會這樣呢？原來他特別注重交際細節。比如：人家要買一千克左右的巧克力，她總是抓九百克左右的巧克力上秤，然後再一粒一粒地添加，直至足秤為止。他不像其他的營業員，先抓超過一千克的東西上秤，再殘酷地一點一點地往外拿……顯然，這位優秀售貨員的做法令人感到愉快。再比如：當顧客幫著他抱送商品時，他一定說一聲「謝謝」。因為幫他拿商品，對顧客來說是可做也可不做的事，而做了就是一種付出，因此，及時表達謝意是有必要的。他不像其他的售貨員那樣對此視若無睹。因此，他獲得了成功及獎金。

注重此類的交際細節，似潤滑每日生活的齒輪，從而使你事事順意；似給你插上騰飛的翅膀，從而助你成功。注重你的交際細節，就是錦上添花。重視細微之處吧，裡面大有文章可做！

智慧錦囊：
在交際中養成注重細節的習慣，將使你受益匪淺。不要小瞧了這些交際細節！它往往是交際大變化的前兆，它往往是不費吹灰之力便可抓住交際成功的良好機遇，它往往是撥動人際關係「千斤」的「四兩」！

懂得拒絕，但不要得罪上司

上司委託你做某事時，你要善加考慮，這件事自己是否能勝任？是否違背你的做人原則。考慮清楚了，然後再作決定。而對於自己不願做、不能做的事，要勇敢地說「不」。

儘管下屬是隸屬於上司，但下屬也有自己獨立的人格，不能什麼事都不分善惡是非都服從。下屬並不是奴隸。倘若你的主管以往曾幫過你很多忙，而今他要委託你做無理或不恰當的事，你更應該毅然地拒絕，這對主管來說是好事，也是對自己負責。

此外，能力有限，無論如何努力都做不到的事，也應拒絕。但是這有一個前提，即是否真的做不到，應該確實地衡量一下，切不可因懷有恐懼心而不敢接受。經過多方考慮，提出各種方案後，是否再加上勇氣來突破它？都需要考慮清楚。

考慮後，認定實在無法做到，始可拒絕。當然，拒絕更要講究方法，採用什麼辦法才能讓上司接受，這裡面也是很有學問的。

．觸類相喻，委婉說「不」

當主管提出一件讓你難以做到的事時，如果你直接答覆做不到時，可能會讓主管顏面難堪。這時，你不妨說出一件與此類似的事情，讓主管自覺問題的難度，而自動放棄這個要求。

戰國時，有個神童叫甘羅，他的爺爺是秦國的宰相。

有一天，甘羅看見爺爺在後花園走來走去，不停地唉聲嘆氣。

「爺爺，您碰到什麼困難了嗎？」甘羅問。

「唉，孩子呀，大王不知聽了誰的挑唆，硬要吃公雞下的蛋，命令滿朝文武想辦法去找，要是三天內找不到，大家都得受罰。」

「秦王太不講理了！」甘羅氣呼呼地說。他眼睛一眨，想了個主意，說，「不過，爺爺您別急，我有辦法，明天我替你上朝好了。」

第二天早上，甘羅真的替爺爺上朝了。他不慌不忙地走進宮殿，向秦王施禮。

秦王很不高興，說：「小娃娃到這裡搗什麼亂！你爺爺呢？」

甘羅說：「大王，我爺爺今天來不了啦。他正在家生孩子呢，託我替他上朝來了。」

秦王聽了哈哈大笑：「你這孩子，怎麼胡言亂語！男人哪能生孩子？」

甘羅說：「既然大王知道男人不能生孩子，那公雞怎麼能下蛋呢？」

秦王頓時無語，不得不放棄自己的無理請求，並發出「孺子之智，大於其身」的感嘆，後來，又封他官職。

甘羅的爺爺作為秦朝的宰相，面對皇帝提出的不可能做到的請求，找不到合適的辦法拒絕而唉聲嘆氣。但甘羅作為一個孩童，能如此得體地拒絕秦王，並讓秦王不得不放棄自己的無理請求，實在是出乎人們的預料。正是因為他觸類相喻，委婉地說「不」，所以，童年就取高位，並成為廣為人頌的佳話。

・佯裝盡力，不了了之

當上司提出某種要求而屬下又無法滿足時，設法讓上司產生屬下已盡全力的錯覺，讓上司自動放棄其要求，也是一種好方法。

比如：當上司提出下屬不能滿足的要求時，下屬就可採取下列步驟先答覆：「您的意見我懂了，請放心，我保證全力以赴。」過了幾天，再彙報：「這幾天×××因急事出差，等下星期回來，我再立即報告你。」又過了幾天，再告訴上司：「您的要求我已轉告×××了，他答應在公司會議上認真地討論。」儘管事情最後不了了之，但你也給上司留下了好感，因為你已造成「盡力而做」的假象，上司也就不會再怪罪你了。

通常情況下，人們對自己提出的要求，總是念念不忘。但如果長時間得不到回音，就會認為對方不重視自己，反感、不滿由此而生。相反，即使不能滿足上司的要求，只要能做出些樣子，對方就不會抱怨，甚至會對你心存感激，主動撤回已讓你為難的要求。

．利用群體掩飾自己說「不」

例如：你被上司要求做某一件事時，其實很想拒絕，可是又說不出來。這時候，你不妨拜託其他兩位同事，和你一起到上司那裡去，這並非所謂的三人戰術，而是依靠群體替你作掩護來說「不」。

可事先商量好誰是贊成的那一方，誰是反對的那一方，然後在上司面前爭論。等到爭論過一會後，你再出面輕輕地說：「原來如此，那可能太牽強了。」而靠向反對的那一方。

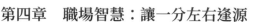

這樣一來，你可以不必直接向上司說「不」，就能表明自己的態度。這種方法會給人「你們是經偏激烈討論後，絞盡腦汁才下結論」的印象，而包含上司在內的全體人士，都不會有哪一方受到傷害的感覺，從而上司會很自然地自動放棄對你的命令。

智慧錦囊：

在職場中，上司無法任由自己選擇。因此，對待上司只能學會適應，除非你丟掉自己的工作。在這種情況下，和上司溝通的技巧就顯得尤其重要。和上司溝通一定要不亢不卑，要勇於說「不」，也要巧於說「不」。你既不能自命清高，也不要卑躬屈膝。這是一個態度問題，也是和上司做好溝通的前提。

得罪上司後的幾種對策

與上司的相處之道是一個老話題。可以說我們一生中，只要在工作，和上司的相處就一直在進行著。常言道：「常在河邊走，哪有不溼鞋？」

和上司相處不會總是一帆風順，不管是有心還是無意，總會有冒犯上司的時候。很多人在得罪上司後，最先想到的就是一走了之，這是最不可取的做法。性情中人都容易感情衝動，當你和上司發生矛盾時，彼此都處於情緒不穩定的狀態，這時候做出的決定往往能使人失去理智，而當你冷靜下來時，也許你會為你魯莽做出的決定而後悔不已。

當然，受到委屈後的心情是可以理解的，同樣我們也應該理解上司在下屬沒有做好事後複雜的心情。下面一些交際技巧將幫助你化解和上司之間的矛盾。

・不要頂撞憤怒中的上司

當人處於憤怒狀態下，他的一些言語和行為都會帶有攻擊性。上司作為你的直屬領導者，這種情況會更加普遍，甚至會在憤怒的時候利用職權來做出對你不利的事。事實上，沒有人願意給自己多樹立一個敵人，我們要做的只是在發覺上司有不悅的跡象時，找個藉口走開，這樣做可以避免和上司正面衝突。當上司在冷靜過後，恢復了思考的能力，他便不會再用激烈的方式來處理你們之間的矛盾。值得注意的是，在選擇藉口的時候，一定要以工作的名義，如果你用一個非常明顯的迴避理由，有可能被上司認為你再逃避他，這無疑會使他火上澆油。所以，巧妙地製造一個不得不走開的理由，會給雙方情緒留有一個緩衝的餘地。給上司自我調整的時間，再來解決問題將會方便很多。

・不要試圖推卸責任

上司最不喜歡聽到的就是下屬把責任推卸到其他人身上，或是將責任總結於客觀原因。你要知道，在你的職責範圍內出的問題，不論是什麼樣的原因，最終還是由你來解決。即便你能夠很好地自圓其說，把失誤解釋得很合理，到頭來還是由你來解決。同時，上司並不會因為你的理由充分而原諒你。失誤既然已經產生了，不如大方地承認自己的錯誤，並給上司一個合理的補救方案，設法找客觀理由只是一種自我安慰、自欺欺人的心態。

值得一提的是，當你為你的失誤辯解時，很可能會使上司的怒火無處發洩，這是一個很不好的跡象。上司很可能因此對你產生糟糕的印象，這對你今後的發展是很不利的。同時，失誤產生後總會有人來承擔責任，不論你把責任推向誰，承擔責任的人都會對你產生意見，你今後便多了一個敵人。當你把責任總結為客觀原因，這個責任只能由上司來承擔了。

因此，勇敢地承認自己的錯誤，是化解和上司矛盾的關鍵。

・主動和上司溝通

當你避開了上司的憤怒後，接下來最好自己主動伸出「橄欖枝」。如果是你錯了，你就要有認錯的勇氣，找出造成自己與上司產生分歧的癥結，並向上司解釋，表明自己在以後的工作中會以此為鑑，希望繼續得到上司的關心。假若是上司的原因，在較為寬鬆的時候，以委婉的方式，把自己的想法與對方溝通一下，你也可以自己的一時衝動或是方式還欠周到等原因，請求上司給予寬容，這樣既可達到相互溝通的目的，又可以給上司一個體面的臺階下，有益於恢復你與上司之間的良好關係。

・不能放棄對上司的尊重

即使是開明的上司也很注重自己的權威，都希望得到下屬的尊重，所以當你與上司產生衝突後，最好讓不愉快成為過去，你不妨在一些輕鬆的場合，比如會餐、聯誼活動等，向上司問個好，敬酒，以表示你對上司的尊重，上司自會記在心裡，排除或是淡化對你的敵意，也同時向人們展示你的修養與風度。

此外這樣做還能表明你對矛盾的態度——就事論事。上司最擔心的，有時候並不是矛盾不能很好地解決，而是產生矛盾的下屬將來還能不能很好地工作。當你在一些輕鬆的場合對上司表明尊重，同時也就表明你不會因此事而在以後的工作中帶有情緒。當上司明白這一點後，你們之間的矛盾便不再那麼重要了。

．不要向第三方洩漏你和上司的矛盾

得罪上司後，我們往往會想向同事訴說苦衷，以尋求他人的理解。如果失誤在於上司，同事對此不好表態，也不願介入你與上司的爭執，又怎能安慰你呢？假如是你自己造成的，他們也不忍心再說你的不是，往你的傷口上撒鹽，更有居心不良的人會添油加醋後回饋回上司那裡，加深你與上司之間的裂痕。

如果上司知道你在背後議論你們之間的矛盾，會認為你在搞小圈子孤立他，那樣結果會對你更加不利。所以最好的辦法是自己清醒地理清問題的癥結，避免第三個人知道你們之間的矛盾核心，靠自己的力量來解決。只有這樣才能使自己與上司的關係重新有一個良好的開始。

智慧錦囊：

當和上司發生衝突後，運用一些技巧來挽回尷尬的局面，使雙方都能平息心中的情緒，是很有必要的。能夠巧妙地避開最壞的結果，化干戈為玉帛，才能在職場上立於不敗之地。反之，總是意氣用事，一走了之，將永遠得不到上司的重用，更談不上事業的成功。

給上司提供建議的技巧

聰明的小孩子往往懂得在大人高興的時候提出自己的要求，而且，這時他們的要求多半會被滿足。家長在心情比較好的時候，為了不破壞氣氛，往往會比平時更加寬容大度。

在上下級相處的過程中，也存在著同樣的情況。自然，下屬並不是小孩子，不存在著對上司的人身依附關係。但是，他們之間的權力從屬關係卻是毫無疑問的，下屬要取得的每一分利益都需要有上司的首肯。

在這種文化傳統下，事實上，每個上司都有一種「家長」傾向，都有恩威並舉的心理，那麼我們就不妨因勢利導，巧妙地加以利用，在上司春風得意之時，或提要求，或進諫語，必能獲得意想不到的良好效果。

眾所周知，史達林在晚年逐漸變得獨裁，「唯我獨尊」的個性使他不能允許世界上有人比他高明，更難以接受下屬的不同意見。

在第二次世界大戰期間，史達林的這種過度的「自我尊嚴」感曾使紅軍大吃苦頭，遭到了本可避免的巨大損失和重創。一度提出正確建議的朱可夫曾被史達林一怒之下趕出了大本營。

但有個人例外，他就是華西列夫斯基（Mikhail Aleksandrovich Vasilevsky），他往往能使史達林在不知不覺中採納他正確的作戰計畫，從而發揮著傑出的作用。

華西列夫斯基的進言妙招之一，便是潛移默化地在休息中施加影響。在史達林的辦公室裡，華西列夫斯基喜歡同史達林談天說地地「閒聊」，並且往往還會「不經意」地「順便」說說軍事問題，既非鄭重其事地大談特談，講的內容也不是頭頭是道。

但奇妙的是，等華西列夫斯基走後，史達林往往會想到一個好計畫。過不了多久，史達林就會在軍事會議上宣布這一計畫。於是大家都紛紛稱讚史達林的深謀遠慮，但只有史達林和華西列夫斯基心裡最清楚，誰是真正的發起者，誰是真正的想法來源。

正是在這些閒聊中，華西列夫斯基用自己的思想啟發了史達林的思想，以至於連史達林本人也認為這些好主意正是他自己想來的。但不管怎樣，從效果上看，華西列夫斯基達到了他的目的，使他的建議能夠被史達林所採納，並成為史達林最為倚重的人之一。

有一次唐太宗意興舒坦，十分高興，便笑著問大臣魏徵：「你看近來治國怎麼樣？」

魏徵覺得這是一個進諫的好機會，馬上回答說：「貞觀初年，您主動地引導人們進諫；過了三年，遇到有人進諫，還能愉快地接受；這一兩年來，勉勉強強接受一些意見，可是心裡總覺得不舒服。」

太宗聽後有些吃驚，問道：「你這樣講有什麼根據嗎？」魏徵於是便舉出三件事來加以佐證，這三件事反映的是唐太宗在魏徵所說的三個時期內對人的三種不同的態度。

唐太宗於是明白了，說道：「若不是您，不能說這樣的話。一個人苦於自己不知道自己啊！」於是，更加虛心地聽取臣下的意見了。

由此可見，給上司提建議，很重要的一個學問，那就是一定要注意時機和場合，以便使上司更能用心領會你的意見，並且不會對你產生反感。例如在娛樂活動中，一般上司的心情會比較好，這時候提出建議會使上司更容易接受。如果你能把所提的建議同當時的情景聯繫起來，透過暗示、類比等心理活動的作用，則會對上司有更大的啟發。還有些比較成功的下屬善於接住上司的話，上承下轉，借題發揮，巧妙地加以應用，從而很好地觸動了上司，使許多懸而未決的問題得到了解決。

有一個部門剛購置了一批電腦及相關設備，並準備修建一個機房。但在機房安置空調一事上，上司卻不肯批准，認為部門的同事們都在沒有空調的情況下辦公，不宜單獨對機房破例。雖然有關同事據理力爭，說明安裝空調是出於機器保養而非個人享受的需要，但仍不能打破上司的堅持，說服上司。

後來，部門的上司與員工一起出去旅遊、參觀。在一個文物展覽會上，上司發現一些文物有了毀壞和破損，就詢問解說員。

解說員解釋說，這是由於文物保護部門缺乏足夠的經費，不能夠使文物保存在一種恆溫的狀況下所致，如果有一定的製冷設備，如空調，這些文物可能會保存得更加完善。

上司聽後，不禁有些感慨。

此時，站在一旁的機房負責人乘機對上司低語：「其實，機房裡裝空調也是這個道理呀！」

上司看他一眼，沉思片刻，然後說：「回去再做個報告上來。」

很快，這位上司就批准了機房的要求，幫他們裝上了空調設備。

給上司提建議，還要注意提建議的各種忌諱。

有時候，提建議或意見的確要冒一定的風險。有道是：「棒打出頭鳥。」一個人積極向上級提建議，當然獲得提拔的機會多一些，可不小心也會撞到槍口上，反而會成為別人攻擊的靶子。下面是提建議的一些忌諱，需要注意規避：

· **不要強迫上司接受**

有的人提建議屬於強迫性的，非要上司接納不可。如果上司不接受，他就臉紅脖子粗地同上司爭論，直到說服上司才善罷甘休。這就像古代大臣的「死諫」，非要皇帝同意自己的諫言，否則就要撞死在大殿上。這樣的大臣，就算不撞死，皇帝也會找機會拿你開刀，何苦呢？

記住，你只是在提建議，至於上司接不接受，那是他的權力，千萬別強迫。

・**不要火上加油**

就算你和上司存在爭執，也不要火上加油。試圖用你的那一套，讓上司全盤接受你的觀點，往往會碰得頭破血流。要想讓你的建議得到上司的認可，最好先強調雙方同意的見解，也就是說，要採用迂迴的策略。

・**不要全盤否定**

有的人在向上司提建議時，總是喜歡否定舊有的東西。在他眼裡，公司這裡不行，那裡不行，彷彿自己成了一個改革家。殊不知，你這樣說，就等於把上司本人的工作成績也全盤否定了。這樣的建議，如何能讓上司接納？

因此，就算你在表達意見的時候，也要具有選擇性，不要把所有的事情都說得一文不值。那不但傷了上司的自尊，你的建議也會被束之高閣。

・**在提建議時，不要貶低別人**

與上一個毛病一樣，有的人在提建議時，總是不自覺地採用了貶低，甚至詆毀同事的方式。在上司眼裡，你這樣做，不是在提建議，而是在打小報告。如果這些話讓那些被你貶低的人知道了，你會有什麼結果？

注意以上幾點向上司提建議的注意事項，當你再向上司提建議時，定會得到滿意的答覆。

智慧錦囊：

其實，給上司提建議，向來受到宣導和重視。畢竟，上下級之間都在為共同的目標而努力，只要你提建議的方式正確，提的建議有價值，就一定會受到重視。就像古代諫官向皇帝進諫，只要「諫法」得當，無論怎樣難纏的上司，都會聽一聽。

親密也有間，與同事保持安全距離

有的人與同事交往喜歡親密無間，就像三國時的劉關張一樣，天天吃飯在一個桌子上，睡覺也擠在一張床上，以為只有這樣才能展現友誼的深度。其實這種做法是非常錯誤的，同事之間走得太近了反而會破壞彼此的關係。

所以，在職場做好人際關係的同時，還要學會跟同事保持一定距離。同事之間太疏遠固然不好，但走得太近也會平添不少煩惱。因為，同事之間畢竟存在著利益上的一些聯繫，而不是純粹的朋友那麼簡單。如果自己把私人感情加到對方身上去，結果往往會傷害到自己。因此，不讓同事過多了解自己的私人生活，也是為了保護自己。

有這樣一個小故事，是說兩隻小刺蝟，因為天氣實在太冷了，所以一起躲在一個洞裡。牠們盡量蜷縮著身子，即使這樣仍然被凍得瑟瑟發抖。就在牠們感覺快要被凍僵的時候，其中的一隻刺蝟突然靈機一動，向另外一隻建議道：「我們靠緊一點，或許身上的熱量會散發得慢一點。」另外一隻也覺得有道理，於是，牠們開始了嘗試。

但沒想到的是，由於牠們靠得太緊，牠們身上的刺刺到了對方。

雖然第一次嘗試失敗了，但由於牠們在被對方刺痛的同時，也確實感到了對方的溫暖，所以牠們沒有氣餒，又重新開始了第二次嘗試。這一次，為了不傷害對方，牠們開

親密也有間，與同事保持安全距離

始小心翼翼地一點一點地靠近，最後，牠們成功了。牠們終於找到了一個合適的距離。

這個故事說明，只有有節制、有理智的交往才是正確的交友原則，同事之間不能毫無顧忌。有人把人際社交的距離準則比作「刺蝟理論」，特別是在同事之間，因為理念、文化、性格等各個方面的差異，必然就會造成親疏之分。

事實上，同事之間考慮更多的是利害關係，而不是梁山泊式的兄弟義氣。如果你對同事不能有任何幫助，又怎麼能指望同事對你伸出援手？古人說「得道多助，失道寡助」，放到同事之間，這個道就是你的能力。你必須展現出自身的價值，對同事有所裨益，才能在需要時得到同事的回饋。那麼與其說是同事在幫你，不如說是你自己在幫自己。

與此同時，同事之間也存在著激烈的競爭。一方面是親密無間的戰友，另一方面又是旗鼓相當的對手，這就是同事。如何處理合作與競爭的關係，這在職業生涯中相當重要。

同事之間的競爭，好比同氣連枝兩棵樹爭奪水分和陽光，是和平的競爭。而對手之間的競爭，則好比獅子和老虎爭奪一片森林，是生死攸關的性命搏殺。假如藺相如不管三七二十一，跟廉頗爭鬥起來，一旦秦國大兵殺到，誰也逃不脫掉腦袋的厄運，更別提什麼誰更幸運的問題了。同事之間的競爭是為了團結，為了雙方更好地發展。和則兩利，離則兩傷，這是同事之間競爭的基本原則。

．同事親密要有度，切不可自恃關係密切而無所顧忌

有個人家裡出了一點麻煩，可是他並不想讓別人介入這件事。可是有個同事一次到他家去，感覺氣氛不對頭，於是就不斷地問：「怎麼回事？你家出什麼事了？」這種「無微不至」的關懷，讓人不堪忍受！搞得同事很厭煩。

同事相交，重要的是雙方在感情上的相互理解和遇到困難時的互相幫助，而不是了解一些沒有必要的東西。親密過度，就可能發生質變，好比站得越高跌得越重，過密的關係一旦破裂，裂縫會更大，同事勢必會成冤家仇敵。

有些人自以為同事和自己心心相印，說什麼他都不會計較，就對他當面訴說你對他本人的不滿。也許你的同事並不沒有你想像中的那麼大度，則很有可能記恨在心，而伺機暗中布設圈套陷害你。因此，你在坦言之前，最好是認真思考一下這樣做的後果，看對方是否能夠接受，是否會產生反向心理，是否感到你的行為過於輕率，是否會影響到你們之間的友誼。當你發現對方心胸比較狹窄的時候，必須認真考慮對方有沒有實施報復行為的可能性。

・想要控制同事的想法是愚蠢的

有的同事，他們不可抗拒，盛氣淩人，在與同事的交往中，總喜歡指手畫腳，不管同事的想法如何，都要求同事按照自己的意願去做。這種做法無疑為友誼的發展埋下了不祥之筆。如果你想對同事說「你應該」「你不應該」「你最好」「你必須」之類的話，那麼你無疑是想控制同事的生活，這種做法，會使同事感到很不愉快。如果你是被控制的，不要認為有人為你操心一切是再好不過的了。誰都不希望被別人統治，每個人都希望平等地交往。

親密的友誼，是在理解和讚揚聲中不斷成長的，不應該是粗魯的、庸俗的。該拒絕時不要遲疑。當然，幫助同事是應該的，尤其要主動且心甘情願地幫助需要你幫助的同事。但是，如果你是被某種心理上的壓力所迫，對一切都點頭答應，這實際上是在屈服於另一種性質的某些動機，那會失去自己做人的原則和方向。

・與同事該淡則淡，該濃則濃

「君子之交淡如水」，這句話經常被人說，但我認為總是淡也不好，同事在一起冷冰冰的，沒有什麼意思，所以這句話得與另一句話聯繫起來理解，「水至清則無魚，人至清則無友」，同事之間還是該淡時淡、該濃時濃最好。

處理好人與人之間的距離，莫不是處世的學問，而距離就在淡與濃之間，就看你如何去掌握了。與同事該淡則淡，該濃則濃，這才是交友的真諦。

何謂「濃淡相宜」？簡單地說，就是不要太過親密，一天到晚黏在一起。也就是說，心靈是貼近的，但肉體是保持距離的。能「保持距離」就會產生「禮」，尊重對方，這禮便是防止對方碰撞而產生傷害的「海綿」。

智慧錦囊：
與同事交往，距離並不是情感的隔閡，保持適當的距離可以把對方看得更清楚。交友時，必須掌握好交往過程中主客體間的空間距離，以及心理距離，要考慮到雙方彼此間的關係、客觀環境的因素，不要隨便去了解對方。

與上司意見相左怎麼辦

在工作過程中，與上司意見相左時怎麼處理？是服從，還是對抗？

我們要清楚，尺有所短，寸有所長，每個人都有他的長處與不足。上司也是一樣的，我們若想與上司處好關係，同時又要解決我們與上司意見相左的情況，就要相應地動動腦筋了，想想採取什麼樣的措施，既能讓你與上司的意見達成一致，又能不傷害彼此的和氣，破壞美好的氛圍。

黃旭明是一家軟體公司的總經理。由於行業技術的快速變化、競爭形勢的不斷嚴峻，黃旭明感覺壓力越來越大。在一次大客戶招標會上，競爭對手將訂單奪去，一種強烈的危機感在黃旭明心中滋生。

在這種焦躁感的逼迫之下，黃旭明開始對公司員工施加壓力，要求他們不斷加班；無休無止地開會討論公司的發展機會，不斷對公司的發展方案進行改動，希望能夠看到短期成效；對所有員工提出更嚴格甚至是苛刻的要求，不允許任何人有犯錯的機會。

令黃旭明不解的是，這一切的努力都沒有取得如期效果。在他吹毛求疵的要求下，員工們不求有功只求無過。另外，黃旭明的焦躁情緒為整個公司的氛圍蒙上了一種緊張：在他面前，員工們如驚弓之鳥生怕由於一點點失誤而受到斥責。

在彙報工作時，公司高管們盡量選擇用美化的詞語去報告工作，而不直言工作過程真實存在的缺陷與危機。更糟糕的是，公司幾名核心成員由於受不了黃旭明的「高壓」政策而辭職，公司的發展受到了很大影響。為了挽救公司不斷下滑的頹勢，黃旭明做出一個大膽的冒險決策——準備投入一千五百萬元去收購一家瀕臨破產的公司，公司高層都知道此舉無疑等同於自殺，但沒有誰敢提出意見。

市場總監陳凱樂雖然屢諫受阻，但他實在不忍心看著自己的上司受到焦躁症的困擾而不斷做出錯誤的決策，最後導致整個公司崩潰。於是決定阻止黃旭明，將上司出現偏差的管理思維拉回正軌。

陳凱樂知道，黃旭明雖然是個很自我的人，但也還不是一個完全一意孤行之人。他之所以在決策上一錯再錯，主要是被公司暫時性的業績不佳所困惑，而忽略了從更高層面上看待整個市場發展的形勢，無法做出更加理性的決策。陳凱樂要做的第一步，就是拿出有說服力的數據及理性分析報告讓黃旭明明白自己的錯誤。

陳凱樂悄悄與某權威市場諮詢機構合作，就公司及行業的情況做出了一份詳盡的分析報導。同時，在將此報告呈交黃旭明之前，陳凱樂先與公司幾個高層進行仔細的討論，每個人做好分工準備，決定在高層閉門會議上，在分析報導的基礎上，每個人發表有針對性的建議，而不是像以往一樣純粹地對總經理黃旭明的決策提出反對意見。

在會議上，專家權威的觀點以及大量的數據分析，使黃旭明受到很大的震撼，而陳凱樂準備非常詳盡地闡明關於公司幾年發展情況的對比圖，更使黃旭明印象深刻——從圖表上，所有人都清楚地看出這幾年來公司在各個方面都不斷走下坡，公司所採取的措施卻根本沒有達到「止血」的效果。在這次會議上，沒有一個人對公司發展提出尖銳的批評意見，但黃旭明卻從中清楚地看到自己一系列決策錯誤對公司所造成的負面影響，而其他高層有針對性的建議，更使他意識到公司目前雖然處於低谷，但是仍然充滿再次崛起的機會。

於是，他終於決定放棄自己的計畫。

像陳凱樂一樣，要有理有據地證明自己的意見，並且讓上司能夠採納自己的建議，應該說要動不少腦筋的，因為下屬若想改變上司的決策往往是難上加難，這就需要下屬在陳明自己的意見之前就做好各方面的心理準備，以便一舉就中，讓上司心悅誠服地接受你的建議。

總之，無論是上司還是下屬，沒有人喜歡被責罵。因此，在對上司提出相反意見時，應該講究方式方法。無理由地將意見悶在心裡當然不妥，但當場與上司激烈對抗則往往兩敗俱傷。而採取迂迴的方式表達自己的意見、在適當的語境下去說服上司才是明智之舉。

此外，還要注意的是，給上司提意見只是本職工作中的一小部分，盡力完善、改進，邁向新的臺階才是最終目的。這是一個非常重要的原則，它不僅決定了下屬與上司相處的和諧程度以及下屬工作開展的順利程度，某些時候還是決定個人職業生涯晉升的關鍵因素之一。

智慧錦囊：

對上司提出相反意見，關鍵在於和上司的溝通協調，即是下屬如何在組織溝通以及個人溝通上取得有效的綜合平衡。當上司的意見與自己意見相左時，下屬最主要做的事就是清楚地知道上司的立場，也就是在說服上司之前，必須先弄清楚他與自己意見相左的關鍵何在。因此，下屬對上司的意見不要急著提出辯駁，而應該先仔細分析。

第五章　商場智慧：競爭之道貴在雙贏

真正高明的商業智慧是一種雙贏智慧，而不是一輸一贏，更不是兩敗俱傷。懂得與你的競爭對手建立雙贏機制，是每個經商者都應該學習的技巧。尤其是在多元化時代，傳統意義上的競爭已經不合時宜，謀求雙贏甚至多贏之道才是未來的主流。

予人恩惠，潛移默化中贏得市場

任何人在這個社會上都不是孤立存在的，這就展現了人的社會性，在人與人的交往中，又有了人類賴以生存的關係。這種關係不是一味地索取和一味地付出，而是一個「收支平衡」的關係。即，你予人恩惠，定會有所收穫。在商場中，這一理論一樣實用，你予人恩惠，那麼在潛移默化中你也為自己開闢了新的市場。

二十多年前，當年手機霸主之一的摩托羅拉熱衷公益事業都是出了名的。它就像一個熱心腸的大慈善家，要把自己的愛心傾灑到地球的每一個角落。

當然，摩托羅拉不是慈善家，作為一個企業，它的最終目的還是盈利。只不過，它把行銷手段巧妙地與公益事業結合起來，並且獲得了很好的效果。透過幾十年的累積，摩托羅拉不但贏得了社會利益，而且贏得了舉世矚目的企業效益，真正達到了雙贏的境界。

一九九七年，有位大老闆去旅遊，遇上一群當地小孩。其中一個小男孩突然一指大老闆腰間的中文呼叫器，誇張地大叫：「摩托羅拉！」

這位大老闆驚詫不已，要知道，當時這樣的中文呼叫器還是奢侈品。售價超了一萬元，哪怕在大都市這也是一個尚未普及的高檔產品。何以在這樣一個地方，被一個當地小孩一下子甚至叫出具體品牌來？

後來，他才知道，原來在當地有一所摩托羅拉希望小學。

這位老闆大受刺激：原來透過公益行銷，居然可以將品牌滲透到傳統的廣告、公關和活動根本想都不敢想的地方去。在那裡，人們或許買不起這個產品，甚至不知道這個產品的功能，但對這個品牌的認知卻是實實在在的。

每一年，摩托羅拉都會拿出全球銷售額的百分之一點五用於公益慈善事業。這家美國通訊巨頭每年都會發布兩份報告，一份是上市公司年報，另一份便是企業社會責任報告。

在摩托羅拉看來，市場像一潭水，而企業就像一條魚。只是如魚得水是遠遠不夠的，只有水裡充滿了氧氣和養分，魚兒才能在水裡更快更好地成長。

換句話說，只有對社會有益的公司才能長期持續發展。於是，無論在哪個國家，摩托羅拉都立志做一個優秀的企業公民。

摩托羅拉在公益事業上的投入大量預算。不但在希望工程、學校捐贈和恢復災區教育上大力投入，還把公益行銷延伸至環保、救災重建、社會福利和扶貧事業等專案。

投入公益事業十幾年來，摩托羅拉曾被授予多項公益獎項和稱號。

這一系列榮譽稱號，大大提高了企業的良好形象。

可見，在今天這個競爭白熱化的市場環境中，消費者可選擇的產品多種多樣，消費者為什麼選擇A而不選擇B，這其中的原因有許多非產品層面的因素。消費者關心的不僅僅是產品品質、價格以及促銷活動的情況，更有情感因素。所以，在環保、教育等方面的公益投入，是摩托羅拉在潛移默化中為自己贏得市場的法寶。

智慧錦囊：
予人恩惠，利人亦是利己。雖然從表面上看你是在施恩惠於他人，但是你收穫的聲明、利益……卻在潛移默化中影響著時時注視著你的人們。要知道，這種「人心所向」的力量是任何物質、金錢等都取代不了的。

吃小虧占大便宜的「贈送」

在戰場上，有時候需要捨棄一些暫時的利益，以便創造殲滅敵人的機會。其實質就是一種「放長線，釣大魚」的策略。暫時的放棄，是為了長遠的取得；局部的喪失，是為了全局的勝利；少量的犧牲，是為了換取更大的勝利。企業經營中，如果能夠巧妙地運用這一策略，往往能夠獲得一本萬利的奇效。

吃小虧占大便宜的「贈送」

日本的「七星」（MILD SEVEN）香菸，原本是個鮮為人知的牌子，銷量極其有限。後來生產該香菸的老闆想出一種「贈送法」進行促銷。結果，不到幾年的時間，這個牌子的香菸便躍升為世界銷量第二的名牌香菸，老闆從中獲取了可觀的盈利。

「七星」香菸透過「贈送法」，這種方法是根據市場調查得到的贈送對象名單和地址，每月郵寄或直接送上三百支給他們。並一再聲明是讓他們免費試抽，如果認為不夠，還可免費索取。「七星」的老闆在開展「贈送法」促銷之前，專門請專家和醫生測驗過這種香菸，證明其香菸尼古丁含量少並且品質上等。

另外，該「七星」香菸公司對於贈送對象亦作了精心選擇，集中在著名醫生、律師、作家、藝人、高級職員等一些有社會地位的人士。這樣連續免費贈送幾個月後，就給這些受贈者寄上表格，徵求他們對「七星」香菸的評價和意見。再贈送兩三個月後，當受贈者習慣了抽「七星」香菸後，就不再免費寄送了。那麼，這些已經上癮的受贈者自然就會掏錢買這個牌子的香菸了。

於是，「七星」開始發達了，它以「有社會地位」的人為主要銷售對象的形象出現，使得很多喜歡比較和有虛榮心的人也要抽這個牌子的香菸，銷量迅速增加，「七星」公司先予後得，免費贈送的開支很快就賺了回來，沒幾年時間就發了大財。

運用「贈送法」取得經營成功的例子還有很多。

如美國的麥斯威爾（Maxwell）咖啡，於一九六五年至一九六六年間，在日本就舉行過三次贈送樣品活動。當時「贈送」是採取夾在麵包包裝內的辦法。第一次贈送活動在一九六五年三月至六月，與日本第一屋製麵包公司合作，把咖啡樣品夾在一斤裝的麵包包裝內，送出二百萬份樣品，贈送範圍是日本全國，這是試探性的舉動。結果，獲得了出人意料的成功，麵包公司和咖啡公司在業務上都有驚人的進步，吸引其他麵包公司紛紛請求參加分送樣品工作。

麥斯威爾咖啡公司嘗到第一次「贈送」甜頭之後，於一九六五年十月至翌年一月，又與日本七個地區和七家麵包公司合作，東京地區仍由第一屋製麵包公司擔任，大阪地區有神戶屋製麵包公司，名古屋地區有敷島製麵包公司，福岡地區有糧友製麵包公司，仙臺地區有虎屋製麵包公司，札幌地區有羅巴麵包公司。七個地區共發送出樣品六百萬份，比第一次多了三倍。

第三次贈送樣品活動，是在一九六六年秋季。除了第二次的七家麵包公司繼續合作之外，又增加三個地區和三家麵包公司。計有靜岡地區的惠比壽製麵包公司，新鴻地區的鬱金香食品公司和福井地區的富士麵包工業公司。十個地區共送出咖啡樣品一千萬份。

麥斯威爾公司經過這樣三次大規模的贈送樣品，效果真是立竿見影，很快就打開了日本市場的銷路，並且贏得了銷量第一的冠軍頭銜。

吃小虧占大便宜的「贈送」

麥斯威爾咖啡公司決定在日本採取「贈送法」展開促銷攻勢的主要考慮有三：

其一，麥斯威爾咖啡在市占率第二把交椅地位。如果一種牌子的商品在市場率已第一把交椅的地位，就沒有贈送贈品的必要。麥斯威爾咖啡在開展贈送活動前，很多日本人根本就不知道有這個牌子咖啡的存在。

其二，麥斯威爾咖啡的品質確實優良，在其他國家市場已獲得廣泛好評。可惜，日本市場多數的咖啡消費者是其他品牌咖啡的「忠實慣用者」（royal user），從沒想過要嘗試麥斯威爾咖啡。

其三，據市場調查，有百分之六十的咖啡飲用者一直習慣於用一個牌子的咖啡，不輕易改變習慣。如果不用贈送贈品的方法，他們永遠不會掏錢買其他牌子的咖啡嘗試。

鑒於上述原因，麥斯威爾咖啡公司做出大膽決策，投下巨額資金進行大規模贈送攻勢。皇天不負苦心人，效果自然極佳。

仔細分析起來，麥斯威爾咖啡贈送成功的原因主要有三：

· 麥斯威爾咖啡本身品質確實良好，有使消費者一嘗即愛的魅力。
· 選擇麵包公司配送贈品為媒介，合作者對路，受贈者正是咖啡的主要消費者。

．麵包公司為其本身利益，有了免費的贈送品附在自己供應的產品上，無形中提高了競爭能力，所以在「贈送」時積極配合。

其實，這種以「贈送法」進行促銷，它的立意是「放長線，釣大魚」「吃小虧占大便宜」，恰好符合了《兵經》中「委」捨棄暫時的小利，換來長遠大利的思想。我們說一種新產品，它在市場的知名度不高，用戶極少，為了打開銷路，花錢做廣告、印刷宣傳材料，乃至免費贈送一些樣品，是十分必要的。「先嘗後買，方知好歹」，這是一句古老的生意經。所以很多有心計的經營者不惜投入巨額的鈔票，大搞「贈送」活動，就是想「委」小利，賺大錢。「七星」香菸和「麥斯威爾」咖啡能夠獲得超人的成功，就是從這條路走過來的。

當然，以贈送做促銷活動，絕不能盲目行事，必須經過周密的市場調查和精心籌劃，並進行精細的核算比較，如覺得此舉確實有利可圖，有發展前景，才能付諸行動。「放長線」以圖「釣大魚」，如果哪個經營者把「長線」放在游泳池裡，肯定是徒勞無功，血本無歸。要知道，「放長線」只有放在有「大魚」的地方，才能有「釣大魚」的可能。

所以說，採用贈送法促銷要注意根據不同產品，不同市場分別慎重使用，其最基本的原則就是「送」在能賺回錢和有發展潛力的市場上。

智慧錦囊：

以小利引誘敵人上當是戰場上常用的手段。雖說兵家都知道「無委積則亡」的道理，但在某些情況下有意扔掉一些作戰物資以擾亂敵人，有意用一些人做誘餌以調動敵人，放棄一些壁壘、土地使敵產生輕我之心，往往可以獲得奇效。「將欲取之，必先予之」正是此理。因此，捨不得有失就不能有所得，不能一時有所忍就不能建其功。

學會退讓，才能渡過難關

在生意場上遇到難關時，有時候必要的退讓，也許是解決問題的最好辦法。其實在一定情況下，如果甘願妥協退步，以贏得時機發展自己，結果可能是退一步，進兩步，實質上還是自身獲益。

一九五〇年代，柯爾曾任英國友尼利福公司總裁。在企業經營中，他有一個基本的準則，那就是「不拘束於體面，而以相互利益為前提」。

依據這一準則，他在企業經營和生意談判中常常採用退讓的策略。

友尼利福公司在非洲擁有大規模子公司，主要經營農作物。由於那裡有豐富的肥料，並適合於栽培食用油原料落花生，可算是一塊黃金寶地，也是公司主要財源之一。

第二次世界大戰結束後，隨著非洲民族獨立運動的興起和發展，友尼利福的落花生栽培地，逐漸被非洲國家沒收，這使該公司面臨極大的危機。

針對這種形勢，柯爾對非洲子公司發出了六條指令：第一，非洲各地所有友尼利福公司系統的首席經理員，迅速啟用非洲人；第二，取消黑人與白人的薪資差異，實行同工同酬；第三，在奈及利亞設立經營幹部養成所，培養非洲人幹部；第四，採取互相受益的政策；第五，以逐步尋求生存之道；第六，不可拘束體面問題，應以創造最大利益為要務。

這是六條很明顯的退讓策略，其目的無疑是在討好那些非洲國家。

緊接著，柯爾開始與迦納政府積極交涉。為了表示尊重對方的利益，他還主動把自己的栽培地提供給迦納政府，從而獲得迦納政府的好感。結果，為了報答他，迦納政府指定友尼利福公司為其食用油原料買賣的代理人，這就使得柯爾在迦納獨占專利權。

此後，在和幾內亞政府的交涉中，柯爾故意表示自行撤走公司。他的這種坦誠的態度反而使幾內亞政府受到感動，因而允許柯爾的公司留在幾內亞。在同其他幾個國家的交涉中，柯爾也都採用了退讓政策，從而使公司平安地渡過了難關。

在此例中，本來幾乎遭遇滅頂之災的友尼利福公司，在柯爾以柔克剛的退讓策略下，不但化險為夷，而且還在非洲贏取了更大的商業利益和經營權利。以柔克剛、以退為進是一種有效的策略，向來能夠出奇制勝。在生意場中，一味地咄咄逼人可能會使你陷入死路，而必要的退讓則可以換來更大的利益。當然，退讓策略的運用，既要適時，又要得體，一定要充分掌握對方的心理，使自己有必勝的信心，同時，要對自己控制局勢的能力有正確的估計，萬不可不分時機地濫用。

智慧錦囊：

在商場中我們若想前進一步，那就要先學會必要的退讓，這樣既有利於給企業留出更多的休養生息時間，也不至於因「勇往直前」而將企業陷於孤立無援的處境之中。從一定意義上說，這種退讓的迂迴做法，也是使企業渡過難關的有效方法之一。

打不贏就退，把弱勢轉為優勢

與對手作戰時，一定要根據自身情況，量力而行。如果自己的力量暫時不足以戰勝對手，不妨先走為上，繼而等待時機，把不利的因素變成有利的因素，把弱勢轉化為優勢。

市場變化無窮，先占商機者，並不等於占得了全部市場。後入市者反而可以靜觀其變，詳加預測，抓住潛在需求，瞄準市場空隙，乘虛而入，後來居上。這一點，在《閣樓》（*Penthouse*）打敗《花花公子》（*Playboy*）的商戰中，得到了充分的證明。

《花花公子》是以成年男性為讀者對象的大型月刊，它在美國乃至整個西方世界享有極高的知名度，至一九六〇年代末即以每期五百萬份的巨大發行量，壟斷了美國同類雜誌市場，並成為各路競爭對手爭相模仿的範本。因為，其他任何一本男性月刊均未超出二十萬份的發行量，而廣告收入甚至達不到《花花公子》每年進帳兩千五百多萬美元的尾數。

《花花公子》風格很是獨特，它既以傳統清教徒的眼光看待「性難題」，又以連環漫畫針砭社會時弊，還以兔為雜誌標誌，風靡全球。

因此，《花花公子》的總裁休．海夫納（Hugh Hefner）被譽為美國「傑出的期刊經營家」。

正當《花花公子》傲視群雄、不可一世之時，一個名叫鮑勃．古齊奧尼的默默無聞者，暗中立下「就是要打兔子」的雄心壯志，發誓要創辦一本融性與連環漫畫為一體的雜誌，有朝一日擊敗《花花公子》，並且取而代之。

不過鑒於《花花公子》在美國的影響力，要在美國實現這一計畫顯然不可能。

於是，鮑勃來到英國等待時機，因為他發現，英國還沒有專以成年男士為讀者的期刊。經過九年的市場觀察和研究，鮑勃認為《花花公子》的模式可以借鑑，但要融進

「歐洲風味」，讓內容更新奇、更豐富，尤其對時弊的披露要更深刻，對性的涉及要更大膽、更徹底。

接下來的時間，鮑勃開始胸懷創刊計畫四處尋找投資者，結果他很快就找到了。一九六五年三月第一期《閣樓》月刊被正式推出，在倫敦和周圍城市的街頭書攤上與讀者見面。孰料該刊迅速得到英國男士的鍾愛，十二萬冊在幾日之內就銷售一空。

初試牛刀，小勝一盤的鮑勃先是欣喜若狂，繼而憂慮繞上心頭。他擔心引起龐然大物《花花公子》的警覺，順手把《閣樓》扼殺在襁褓中。為此，他一面想方設法控制《閣樓》的銷售區，盡力不使它流入美國；一面充分利用歐洲天時、地利的條件，頻作密集式宣傳，屢對《花花公子》設置重重障礙，傾盡全力拖累對手。

《花花公子》雖在歐洲各國有自己的批發商，但他們各自為政、分散作戰、勢孤力單、難成氣候，使得遠在千里之外的休．海夫納縱然焦躁不安，卻也鞭長莫及，只能眼睜睜地看著《閣樓》一口口地蠶食自己的歐洲市場。

鮑勃一見累敵之計生效，便在歐洲大陸全力拓展銷路，促使《閣樓》在法、德、義、奧的零售額不斷上升，到一九六七年，《閣樓》甚至能毫不費力地在美國海外軍事基地上廣為出售，而且在英國的發行量也每期突破五十萬冊。

於是，鮑勃認為，該是打回美國老家去的時候了。為了在美國本土上束縛《花花公子》的手腳，鮑勃以「《閣樓》是一本與《花花公子》相提並論的男士雜誌」為主題，一同遊說美國的期刊發行業、廣告業，力爭構造可與對手匹敵的公共關係。

經過半年多的密謀策劃，鮑勃胸中行銷攻勢的關鍵一仗終於打響！一九六九年六月初的一個和煦的早晨，紐約市民在早餐桌旁、上班途中突然聞知一則驚人消息：有家叫做《閣樓》的月刊「在打兔子」！兔子不就是《花花公子》的著名標誌嗎？為什麼要打兔子！又是怎麼個打法呢？如此懸念一下子便引起讀者的濃厚興趣。

緊接著一張巨幅漫畫隨報紙送入千萬讀者眼底：上方是標「誰惹惱了兔子」？中間是一隻憤怒咆哮的大兔子，兔身上赫然寫著「正是《閣樓》」！在這句回答語的下方還有一句提示：「請看歐洲風格的成年男性雜誌。」

休．海夫納氣惱不已卻又無計可施，鮑勃當然愉悅異常。

又打了兩個多月的宣傳戰之後，美國版《閣樓》創刊號如期在一九六九年八月十二日上市。其內容集中於各國戰爭、校園抗議、嬉皮、「性解放」。它的定價比《花花公子》低了整整一美元，還給批發商、零售商以更多優惠。

鮑勃知道：讀者只有在受到一定刺激時才會買一本不大熟悉的刊物；價格不低就不能廣為發行，優惠不多就難以讓商業夥伴的經銷配合；「性解放」是《花花公子》及模仿者們拒絕觸及的領域。而這一切正是《花花公子》的脆弱之處，只有予以痛擊，才能使其自累！鮑勃得逞了，第一期便銷出二十三萬五千冊，一舉成為美國期刊發行量的第二名。

休・海夫納身受威脅，心中忐忑不安，但卻難有動作。因為《花花公子》的編輯方略和經營模式早已固化，再欲調整，即使小部分調整亦幾乎是不可能的。

正當「兔」在潛伏爪牙忍受之時，獵兔者卻不停地吹響圍攻的鼓角，並在雜誌上登出驚人之舉——用側身美女的性暴露照片吸引讀者。鮑勃以為此舉將遭強烈抗議，但等了許久卻未聞反對聲。他隨即更大膽地暴露起來，竟用「瘋狂的吉普賽人」為題，相繼推出裸體男女嬉戲的系列插圖。

這下引起了美國十幾個城市司法當局的關心，一些法官下令扣壓《閣樓》，但在美國最大城市的商場、書攤，《閣樓》卻依然暢銷無阻。

接著，鮑勃聞訊又在束縛《花花公子》的方略上下工夫，再施使其自累的公關宣傳計謀，強調「《花花公子》已經落後於時代了，現在根本不能與朝氣蓬勃、大膽無畏的《閣樓》作正面交手了」。鮑勃一面不斷敲響此類的邊鼓，一面推出更具挑逗性的性解放內容，甚至同性戀女子的裸照、選美決賽幾名選手的無上衣照也相繼刊載。

接踵而來的打擊頓使《花花公子》的銷量遞減，還讓股票一頭跌進每股二美元的低谷，僅為原價的十分之一。到一九七五年時，《花花公子》出現了歷史上的第一次虧損，而《閣樓》的銷量也第一次超過《花花公子》。正當《花花公子》內外交困之時，鮑勃又在《閣樓》上刊出越戰退伍軍人的連環漫畫連載，博得了各界讀者的交相喝采。

後來，《閣樓》被評為一九七五年度「全美雜誌獎」，鮑勃被評為「當年最佳出版人」。

一開始，鮑勃在自知無力挑戰《花花公子》時，便很識相地遠走英國，開闢新的戰場。等到《閣樓》發展壯大之後，便浩浩蕩蕩殺回美國，從而將《花花公子》一舉擊敗。可見，走為上策並不是被動地逃跑，而是積極地撤退保留後路。如果形勢不宜於立即決戰，就要善於等待機會。敵人士氣旺盛，就暫時撤退以避其鋒芒；敵人集中優勢兵力進犯，暫時不打也是好辦法……可以說，等待時機，量力而行，這既是軍事中的原則，也是做一切事情的原則。

智慧錦囊：

倘若你覺得自己還沒有足夠的實力與對方抗爭，那麼就不要打這場根本就不可能贏的仗。這時，最明智的選擇莫過於退避一下，這種退不是逃避，只是不要把有限的生命、時間浪費在勝算不大的「戰爭」上而已。當然，退只是退得了一時，而不是一世，此時我們該做的就是認真地分析自我，找自己沒有力量與對手匹敵的弱勢，然後加強它，直到弱勢變為優勢。

以逸待勞——福特袖裡展乾坤

所謂以逸待勞，就是要避開與敵人對峙之勢，躲其鋒芒，尋求安定的環境，以圖自強，然後選擇最恰當的時機，當自己最盛而敵方低迷之際，一戰而決。

用兵切忌窮兵黷武。如果與敵人相峙於困境，那麼屢戰不息就會使部隊疲勞。只有採取輪番作戰的方法，才能使部隊保持持續旺盛的戰鬥力。我軍攻一次而使敵人數次應戰，就能把安逸的敵人變為疲勞，敵人連戰數次而我軍得到幾次休整，就把疲勞的我軍轉化為安逸。安逸的就可能取勝，疲勞的就可能被打敗。不用盡國家的財力來養兵，不用盡全軍的力量來打仗，這樣，打了敗仗也沒有太的危險，打了勝仗也不會有過多的損失。

此一計講的是勞逸關係，而在企業經營中，則實質上表現為盈與虧的關係。在經營專案上，既有虧的專案，也有盈的專案；在經營時間上，既有虧的時間，也有盈的時間。一個清醒的經營者，既不要被盈利沖昏頭腦，也不要被盈虧嚇得手足無措，而要像將帥處理勞逸關係一樣，利用好盈與虧之間的轉換。

在激烈的競爭中，盈虧是常有之事，盈時不驕，虧時不急，方能指揮若定，穩操勝券。

一九二〇年代初，美國汽車工業全面起飛，各大公司紛紛推出色彩明快鮮豔的新型汽車，滿足消費者的不同喜愛，因而銷路大暢。唯獨黑色的福特車保持不變，顯得嚴肅而呆板，因此銷量急劇下降。

於是，代理商和公司銷售人員紛紛建議福特改變汽車顏色，但福特總是堅決頂回去：「福特車只有黑色的，我看不出黑色有什麼不好，至少比其他顏色耐舊些。」

後來，生產逐漸陷入困境了，福特開始裁減人員，部分設備停工，將晚班改成日班以節省電燈費。這下子，公司內外人心浮動，連福特夫人也大惑不解，沉不住氣了。

福特了解夫人的擔憂，信心十足地說：「我們公司的待遇高於任何企業，他們不會生異心，同時他們知道我是絕不服輸的人，我不像別人那樣生產淺色，一定另有計畫。」

有人建議說，至少我們應該有新車在市面上銷售，不至於讓人說我們快倒閉了呀。

福特詭譎地一笑：「讓他們去說吧，謠言越多對我們越有利！」人們感到很奇怪，問公司是不是正在設計新車？是不是跟別人一樣，會有各種顏色的新車？

以逸待勞—福特袖裡展乾坤

福特回答說：「不是正在設計，而是早已經定型了！也不是跟別人一樣，而是我們自己的，而且我們的新車一定比別人都便宜！」

這就是福特一生中最得意的「傑作」之一——購買廢船拆卸後煉鋼，從而大大降低了鋼鐵的成本，從而為即將推出的A型汽車奠定了勝利的基礎。

一九二七年五月，福特突然宣布生產T型車的工廠全部停工，這是公司成立二十四年來第一次停止新車出廠，市面上所賣的都是庫存。

消息一出，舉世震驚，猜測群起。除了幾個心腹主管外，誰也摸不清福特打的是什麼算盤。讓人奇怪的是，工廠停工後工人並沒有被解僱，每天仍然上下班。這一情況引起新聞界的極大興趣，報上經常刊登有關福特的新聞，引起了人們的好奇。

兩個月後，色彩華麗、典雅輕便而價格低廉的福特A型車終於在人們長期的翹首期待中源源上市，果然盛況空前，並很快形成了福特公司第二次起飛的輝煌局面。

面對汽車市場上硝煙四起的價格戰、廣告戰，福特並沒有輕易參與進去，而是採取以逸待勞的策略。表面上偃旗息鼓，實際上是在養精蓄銳，等其他對手都疲憊不堪時，他才一鳴驚人，快速搶得市場。以逸待勞，其實並不輕鬆。激烈的商業競爭中，經營者切不可在確定經營專案推銷產品中意氣用事，輕舉妄動，勿爭一時高下。要詳細考察市場需求，審慎地制定自己的經營策略，並善於利用競爭對手的漏洞。

智慧錦囊：

以逸待勞，在考察好各方面對自己有利以及不利的因素之後再作定奪，然後抓住時機，適時出擊，方能一舉獲勝。這是商場上福特的制勝祕訣，其實放在生活中的凡事上，這一祕訣一樣實用，不信你可以試試，倘若你想取得成功的話。

贏家姿態，不戰而屈人之兵

真正的勝利者往往不是那些與對手碰個頭破血流的人，而是做到心裡有數，採取一定的策略，以贏家的姿態，不戰屈人之兵。

A公司總經理王俊宇，最近正在親自出馬簽一個大單：某局內部網路升級改造。光綜合布線就有一萬個點左右，還有核心交換機、路由器、伺服器等等，合計起來，整個專案的總價值超過五千萬元。

一開始，王俊宇以為憑藉自己公司的實力，以及國家系統整合一級的資質認證，拿下這個單子應該問題不大。正當王俊宇準備施展規劃的時候，半路卻殺出個程咬金：該局局長的小舅子李國峰開的一家小電腦公司參與到投標中。而且據內部人員透漏，這個標其實就是該局局長給李國峰留著的。

王俊宇一開始聽到這個消息時，心想：既然這樣，大家誰都別想好，大不了來個魚死網破！跟李國峰硬拼價格，看他那個小公司能不能扛得住。可王俊宇後來仔細一想，即便是自己拼價格中了標，但得罪了局長，這後續的專案也會有很多麻煩。

「最好能有一條不戰而屈人之兵的妙計，既不得罪局長，又能讓李國峰放棄這個專案。」想到這裡王俊宇開始飛快地運轉大腦。

第二天上午，王俊宇透過朋友了解到李國峰的公司是他和兩個朋友合夥開的，其中李國峰占有百分之四十的股份，另外兩個各占百分之三十。由於李國峰的股份相對較多，加之他姐夫這層關係，所以由他做這個公司的總經理。

聽到這個資訊以後王俊宇有了對策，如果自己把李國峰兩個朋友的股份都收購過來，那自己豈不就可以控制李國峰的公司了，想到這裡王俊宇便讓朋友約見那兩人。經過一番威逼利誘之後，王俊宇最後以一點五倍的價格收購了兩人手裡的股份，並讓兩人在自己的公司擔任要職。

如此一來，王俊宇就掌握了李國峰所在公司百分之六十的股票，因此信心已經十足。隔天晚上王俊宇又約了李國峰在某酒樓見面。

酒過三巡，菜過五味之後，王俊宇向李國峰提出了雙方能夠合作去做這個專案時，李國峰的態度十分強硬，手裡端著酒杯，口齒有些不清晰地指著王俊宇說：「這……這個專案非我莫屬，你……你不要浪費時間了。我為什麼要和你合作？我又不是傻子，還會讓你來分錢。」

不過當王俊宇將自己已經取得李國峰所在公司百分之六十的股份告訴李國峰之後，李國峰頓時臉色蒼白，手裡的酒杯「啪」的一聲掉到了地上。

這時王俊宇又以商量的口吻跟李國峰說：「如果你不同意合作，我只好取代你總經理的職位，或者你將手裡的股份都賣給我，你另外再成立一個公司來打這個單子。」

李國峰知道此時離投標的日期已經不到一週了，另外成立公司肯定是來不及了，心裡一著急，汗珠順著他略微禿頭的腦袋往外冒。正當李國峰不知該如何回答時，王俊宇又對他說：「如果你肯和我公司合作做這個專案，我不僅不會取代你現在公司總經理的位置，我還會讓你在我的公司擔任副總經理，你看怎麼樣？我的條件是你要讓我公司得標這個專案。」

李國峰正不知如何是好之際，聽到王俊宇如此說自然是樂得順水推舟，馬上就答應了王俊宇的要求。一週之後，A公司成功地拿下了某局這個價值五千萬元的大單。

王俊宇可謂商場上的老手，他沒有在外表上表現出極力地想簽這個大單，而是在暗中將自己的一切操作得很妥當，當「萬事俱備，只欠東風」之時，他又找到李國峰攤牌。他知道，此時的對手——李國峰，已居於他之下，穩操勝券的他最後還可落個「雪中送炭」的美名。以贏家的姿態，不戰屈人之兵就是王俊宇的禦敵手段。

智慧錦囊：
不戰而屈人之兵，是兵家的最高境界。在商戰中，這一招也同樣威力無窮，可以兵不血刃地贏得巨大利潤。這種策略講究以勢取勝，如果運用成功，既能避免正面血拼造成的損失，又可以輕而易舉地獲取勝利。

不斷摸索正確的做事方法

我們一直在強調，遇到問題一定要努力思考，方法總比問題多。然而，很多人遇到難題時，雖然也思考，但卻總是淺嘗輒止，從來都沒把問題想透徹。這樣一來，自然就想不出好的方法。因此，我們一定要學會正確、深入地思考，在尋找辦法之前，先把問題想透徹。

多年前，美國華盛頓的傑佛遜紀念堂（Thomas Jefferson Memorial）前的石頭腐蝕得很厲害，很不美觀，令管理人員大傷腦筋。怎麼辦呢？如果只是淺層次的思考，大家能想到的辦法就是換石頭。但，很現實的一個問題是，這樣做需要花費一大筆錢。而且，新換的石頭可能很快也會被腐蝕掉。

這時，管理人員開始對這個問題進行深入思考：石頭為什麼會腐蝕？原因很快就找到了，原來是因為維護人員過於頻繁地清潔石頭。

那為什麼需要這麼頻繁地清潔石頭？是因為有很多鴿子經常光臨紀念堂，牠們留下了很多的糞便。

為什麼有這麼多鴿子來這裡？這是因為這裡有大量的蜘蛛供牠們覓食。

那麼，這裡怎麼會有這麼多蜘蛛？因為蜘蛛是被大群的飛蛾吸引過來的。

為什麼這裡會有大群的飛蛾呢？牠們是黃昏時被紀念堂的燈光吸引過來的。

……

透過這一連串不斷的發問，真正的原因被找到了。最後，管理人員採取了延後開燈時間的方法，很輕鬆地解決了這個問題。

由此可見，正確、深入地思考問題，把問題想透徹有多麼重要！

其實，每個人的智商原本都差不多。只不過有的人肯動腦子，喜歡思考，所以才擅長解決問題。而另外一些人並不是找不到方法，只不過他們懶得思考罷了。

一位著名的科學家說：「無頭緒地、盲目地工作，往往效率很低。正確地組織安排自己的活動，首先就意味著準確地計算和支配時間。」然而，很多人卻充當著「消防員」的角色，自覺或不自覺地把大部分時間用於處理急事，他們每天都在處理危機、四處救火。每天下來，他們總是身心疲憊不堪，但並沒有做成幾件要事。

為了「救火」，他們根本沒有時間去處理該處理的問題，去思考最應該思考的要事。不是他們不想做要事，而是他們把大部分精力和時間花掉了，以致到最後不得不辦時，早已錯過了處理的最佳時機。如此日復一日地惡性循環，讓自己像一個「危機管理人」那樣，完全被大小事務控制住了，失去了駕馭工作和生活的主動性。

十八世紀，天文學家在火星與木星之間找到了一顆小行星。為弄清楚它究竟是行星還是彗星，便請數學家計算它的運行軌道。「數學泰斗」李昂哈德．保羅．歐拉（Leonhard Paul Euler）計算了三天三夜，當數據出現時，他的右眼因勞累過度而失明了。與歐拉同時接受計算任務的數學家卡爾．弗里德里希．高斯（Johann Carl Friedrich Gauss），首先革新了歐拉行星運行軌道的計算方法，引入了一個八次方程，僅花了一個小時就得出了精確的結果。一九〇一年一月一日，人們循著高斯計算的運行軌道，終於找到了這顆小行星——穀神星（Ceres）。高斯深有感觸地說：「若是我不變換計算方法，我的眼睛也會瞎的。」

因而我們說，有方法才能有效率。有的人用一天才能完成的工作，別人幾個小時就可以完成，那是因為他們找到了適當的方法。企業需要更大的收益，提高勞動效率成了必然的選擇。可是怎麼來提高效率呢？這就需要企業從科技入手，提高機器的效率；從管理入手，提高人員的工作效率……因為這些都是企業獲取更大收益不可避免的問題，而這些更是與提高勞動效率有著密切關聯的。

智慧錦囊：

一個問題出現了，往往有很多方案去解決。只有不斷深入、透徹地思考，才能找到最直接有效的方法。而思考不透徹的人，也許只能找到效率低又浪費時間、精力的「笨辦法」。更有那些不動腦子的人，根本連一條辦法也想不出來，他們面對難題，只會束手無措，或者去哀求別人的幫助。

第六章　管理智慧：禮賢下士，以德服人

管理的本質就是管人，而要管好人，最好的辦法不是以勢壓人，而是以德服人。作為管理者，應該放低姿態，對下屬保持一種寬和、平等的態度，甚至需要容忍下屬的無禮和錯誤。事實也證明，一個有親和力的領導人，其管理效果要遠遠大於一個傲慢的管理者。

用人不疑，請信任你的下屬

信任的力量到底有多大？也許，只是幾句坦誠的話語，便能打開一扇緊閉的心門，改變一個人的人生。

魏廣侯令樂羊將而攻中山，三年而拔之。樂羊返而論功，文侯示之謗書一篋，樂羊再拜稽首曰：「此非臣之功，主君之力也。」

《史記．樗里子甘茂列傳》中記載，中山是個小國，樂羊的兒子在中山國做官，他本人又是中山國人。樂羊長時間圍而不攻，也難怪會有那麼多的「謗書」，可魏文侯堅持了三年，直到樂羊滅掉中山才把謗書拿出來。這需要多大膽略呀！面對魏文侯如此的信任，樂羊能不肝腦塗地誓死效忠魏國嗎？信任的力量是巨大的，哪怕是一個信任的眼神，也能在關鍵時刻激發人的鬥志。信任是一種美德，是對他人的一種肯定，是對自我的救贖，有時甚至會超越生死的界限。「人而無信，不知其可也」，建立在彼此信任基礎上的友誼是偉大的。海因里希．海涅（Christian Johann Heinrich Heine）說：「生命不可能從謊言中開出燦爛的鮮花。」基於偉大的信任，才使這個故事流傳千年而不朽，因為我們都需要這份信任。

在這個世界上，信任是一種十分珍貴的東西，它有著巨大的使人向善的力量，沒有

用人不疑，請信任你的下屬

人用金錢能夠買得到，也沒有人用誘惑和武力可以搶到。它來自一個人的內心深處，是活在靈魂裡的清泉，它可以拯救靈魂，讓人心靈充滿純潔和自信。

一個犯人撿到了一千元，不假思索地交給了獄警。可是，獄警卻輕蔑地對他說：「你別來這一套，用自己的錢變著花樣賄賂我，想換減刑和照顧，你們這種人就是不老實！」

囚犯萬念俱灰，心想這世界上再也不會有人相信他了。晚上，他越獄了。亡命途中，他大肆地搶劫錢財，準備逃往他國。在搶得足夠的錢財後，他搭上開往邊境的火車。

火車上很擠，他只好站在廁所旁。這時，一位十分漂亮的女孩走進廁所，關門時卻發現門鎖壞了。她走出來，輕聲對他說：「先生，您能為我把風嗎？」他一愣，看著女孩純潔無邪的眼神，他點了點頭。女孩紅著臉進了廁所，而他像一位忠誠的衛士一樣，嚴嚴把守著門。一剎那間，他突然改變了主意。下一站，他下車到車站派出所投案自首了。

獄警對犯人的不信任，讓犯人對生活萬念俱灰，自暴自棄，最終越獄逃跑；一個女孩對犯人的信任，卻讓他找回良知，幡然悔悟，決心認罪。信任的力量是多麼巨大的呀。它可以在別人心目中產生強大的精神動力，不管是善良的好人還是十惡不赦的歹徒。

有的人經常會說，他們的老闆對自己的員工一點也不信任，甚至還常常抱怨說：「不是我不信任你們，而是你們不讓我信任！」其實信任是雙方的，如果一方不信任另一方，那麼自然雙方就沒有信任可言。

記得美國大衛．韋克斯勒（David Wechsler）說過這樣一段話，讀後大家一定會有很深的體會。他說：「信任一個人有時需要許多年的時間，因此，有些人甚至終其一生也沒有真正信任過任何一個人。倘若你信任那些能夠討你歡心的人，那是毫無意義的；倘若你信任你所見到的每一個人，那你就是一個傻瓜；倘若你毫不猶豫、匆匆忙忙地去信任一個人，那你就可能也會那麼快地被你所信任的那個人背棄；倘若你只是出於某種膚淺的需要去信任一個人，那麼接踵而來的可能就是惱人的猜忌和背叛；但倘若你遲遲不敢去信任一個值得你信任的人，那永遠不能獲得愛的甘甜和人間的溫暖，你的一生也將會因此而黯淡無光。」可見，信任並非是一種單一的執迷，而是需要智慧的參與。

在企業管理中，同樣要運用信任的力量。

比如：有的員工本來工作很積極，每天都辛苦地忙碌著，可經常被突然打斷，被經理叫進辦公室。然後經理會盤問他的工作情況：是這樣嗎？不可能吧。

這種來自上司的不信任，往往會使員工的熱情一落千丈。

再比如：有的員工要請假，經理就會非常氣憤地說：「工作沒怎麼做，私事倒不少，乾脆早走人。」於是，員工飽滿的工作熱情也會因為不被信任甚至被上司猜忌而冷卻下來。上下級之間互相猜疑的結果，只能讓上司和下屬的關係一步步惡化。

在這樣的情況下，管理必然陷入僵局。

其實管理員工很簡單，那就是給他們充分的信任！

有一句話叫做：「用人不疑，疑人不用。」兩個互相猜忌的人，在工作上肯定不會配合好。因為每個人心裡都有顧忌，不能很好地進行溝通、交流，也就無法建立起合作上的默契。

企業要發展，天時、地利、人和，缺一不可。十頭牛拉一輛車，一頭牛一個方向，最後車要麼原地不動，要麼四分五裂。可見，信任，實際上也是一種向心力。沒有信任就沒有人和，沒有人和就沒有動力，即使再好的時機也會被錯過。

智慧錦囊：

信任是人與人之間溝通的橋梁，也是我們獲得成功的通行證；在企業管理中，信任更是一種無形的力量，它是對人素養、能力的充分肯定，必將激發出員工如火的熱情。使人變得值得信任的唯一方式就是信任他們；使人變得不可信任的最好方式就是不信任他們，並且用言語和行動讓他們知道你不信任他們。

善待每個下屬，你就會得到擁戴

王先生是一家上市公司的經理，三十一歲的他是個集各項優點的天之驕子：相貌英俊，身材修長，又畢業於知名大學博士，能力出眾，他在舞池裡的瀟灑舞姿能讓每個女人都為之傾倒。

儘管條件如此出眾，他卻得不到大家的歡心，無論男女職員見到他，都一律戰戰兢兢。就連他直接領導的部下，不到萬不得已的地步，也絕不願意和他交流意見。而王先生本人也很苦惱，不知道問題究竟出在了哪裡。

實際上，王先生人緣不好的原因有很多，其中最重要的一點就是，他太高傲自大、尖酸刻薄，根本就不懂得與人為善的道理。

作為一個領導者，想與下屬做好關係其實並不難。要知道凡事事在人為，處理好人際關係也是同樣的道理。若你也正在為不知該如何處理好你與下屬的關係而憂慮，那麼可以參看以下幾點祕訣：

．多為下屬考慮——自私自利的人是無法博得別人的好感的，與別人交往時首先想到自己的人，很少能建立良好而持久的人際關係。因此，作為管理者，要與下屬做好

善待每個下屬，你就會得到擁戴

人際關係，就要把注意力從自己身上移開，凡事多為下屬考慮。

・真誠關心下屬——真誠的關心，能打開心靈的堅冰。無論你有什麼本領、特長，受教育的程度有多高，都不如真心實意的關懷更能給人留下深刻的印象。事實上，當你是某個人的上司時，如果你不首先讓他知道你關心他，你是不大可能對他產生正面影響的。

・認真了解下屬——在各種各樣的管理方法中，沒有什麼比得上了解和記住下屬的情況更能產生積極效果。認真了解下屬，是你展現關心的明證，也能創立一種良好而持久的關係。

歷史上的最好例子是拿破崙・波拿巴（Napoleon Bonaparte）與他的下屬關係。拿破崙叫得出手下全部軍官的名字。他喜歡在軍營中走動，遇見某個軍官時，就叫著他的名字跟他打招呼，談論這名軍官參加過的某場戰鬥或軍事調動。他還掌握時機地詢問士兵的家鄉、妻子和家庭情況。這使他的下屬大為吃驚，他們的首領竟然對他們的個人情況知道得一清二楚。因為每個軍官都從拿破崙的話和所提的問題中感到拿破崙對自己感興趣，這就不難理解他們為什麼對拿破崙那麼忠心耿耿了。

・請下屬提建議或給予幫助——跟下屬建立積極關係，還有一個極好的方法，就是請下屬給你提建議或幫個忙。每個人都希望有機會展示自己的專長，喜歡那種因為自己有力量或有權威幫助別人而產生的感激。

不過，請求下屬幫助你，雖是建立良好關係的開端，但僅僅這樣做是不能使關係長久的。要使相互關係健康而有益，就應該注意互利，不應該老是索取而不付出。

· 善於傾聽下屬的意見——要做個善於傾聽意見的上司，關鍵是要能鼓勵下屬發言。通常這只需要提幾個有針對性的問題。這樣長此以往，你甚至能使最不健談的下屬跟你開口談他自己的事。

· 不低估任何人的價值

一位年輕政治家在第一次競選演說中，他極想給聽眾留下深刻的印象。可是當他到大禮堂時，卻發現只有一名聽眾。他等了好一會，希望有人陸續到來，可是沒有。最後他對那名唯一的聽眾說：「你聽我說，我只是個剛起步的政治家。你認為我應該發表這個演說還是取消算了？」那人想了一下說：「先生，我只是個養牛的，我只懂牛。如果我把一車乾草送到牧場，而那裡卻只有一頭牛，我肯定會餵這頭牛的。」

故事中的人用委婉的語言告訴了年輕的政治家：不要低估任何人的價值，哪怕只有一個人，那他也是有其價值的。

要避免或消除好低估人的不良習慣的方法很簡單，比如：以積極期待的態度會見每一個人，預期每一次打交道都能產生積極效果。把每個人都當做重要人物看待，這樣你就絕對不會低估任何人了。

以上僅為幾點重要的方面，在實際生活中還有許多需要注意的地方。因為只有你善待每個下屬，你才會得到下屬的擁戴，那樣你的成功也就指日可待了。

智慧錦囊：

做好人際關係其實並不難，好人緣也不是什麼神祕的東西。就像其他本領一樣，善與人打交道，並不是人生來就有的能力。對大多數人來說，這種本領也是後天學習得來的。在日常生活中，只要你能養成寬容待人、與人為善的習慣，與他人友好相處就不難了。

與你的下屬分享成功

從本質上說，合作的最終結果，就是要「分享成就」。就像一群綠林好漢，經過一番打拚後，大家都應該坐下來分享富貴了，這叫「坐地分金」。

因此，合作也被稱作是一種高級的創富模式。

有一家友旺科技公司（二〇一八年已更名為：兆勁科技），成立不久，規模不大，知名度也不高。但是，在僅僅有兩百名的員工中，卻有三十多位是億萬富翁！

真是不可思議！一個小公司，怎麼會有這麼多富翁呢？

原因就在總經理歐陽自坤身上，因為他具有「利潤分享」的觀念。歐陽總經理對員工說：「同事們，我們公司的利潤就像一塊蛋糕，大家努努力，共同把它做大，然後一起分著吃！」員工聽了當然很激動，大家熱情空前高漲，業績也成倍成長。

後來蛋糕真的做大了，總經理說話算話，於是很多人都成了富翁。

其實，很多老闆在創業之初，大都給員工說過類似的話。但在財富增加之後，他們卻很少將利潤與員工分享。許多優秀的員工在失望之餘，都紛紛離職。

只有歐陽自坤沒有食言，所以他很不簡單，是做大事的人。

歐陽自坤認為，如果老闆總是「自肥」「獨肥」，勢必留不住優秀員工，難免導致

「財聚人散」的惡果。於是，他決心將「利潤分享」的觀念付諸實施。

為了保證公平，他還採用了「切蛋糕哲學」的方法。就是對利潤的分享，員工如有意見或不滿意時，就由那個人負責切。不過切蛋糕的人，要最後才拿蛋糕。如此一來，就不會有不公平的現象產生了。

由於堅持「利潤分享」的原則，「友旺」的股份約有五成左右是由員工持有。因為「公平性」，所以員工對工作會全身心投入。歐陽自坤說：「只要員工開心，工作就會專心，公司的發展自然跟著來。」

除了在公司內部進行「利潤分享」外，「分享成就」還有另外兩層含義：一是將財富回報於社會，惠及人類；二是在商業活動中讓利於人，共同創富。

在商業活動中「分享成就」，同樣會獲得巨大成功。世界最大的速食公司——麥當勞公司的所有者雷．克洛克（Ray Kroc），就是一個樂意「與人分享自己成就」而發展起來的典型。

一九五五年三月二日，克洛克創辦了麥當勞體系公司。作為麥當勞的代理人，克洛克完全可以效法其他連鎖商人，占盡有利條件賺一筆大錢，而把不利條件轉嫁給前來購買加盟權益人的頭上。但克洛克否定了這種短期行為，他根據自己二十五年的推銷經驗，採用了公平、互惠原則訂立連鎖合約，這是他在這個行業中迅猛發展的最大資本。

與你的下屬分享成功

其具體做法是：鼓勵加盟店先賺取利潤，然後促使整個系統的成功。麥當勞的主要業務是服務消費者，但他必須鞏固與加盟店家的聯繫，才能獲取成功，否則將同歸於盡。這就是眼前利益與長遠利益的關係，急功近利與長遠利益的不同之處。

克洛克以這種「與他人分享自己成就」的方式，使麥當勞分店在美國本土發展到五十四家，在全球各地更是難計其數。他以平均十五小時一家的開店速度，使得對手望塵莫及。這一速度震撼了商界，「麥當勞文化」現象與克洛克「與他人分享自己成就」的經營方式有關，這種經營方式對整個社會產生了深刻而久遠的影響，這不能不令人對克洛克的成功之道深表關心。

只有與你的下屬共同分享成功，那麼你的成功才會保持得持久，否則，縱使你是再出色的上司，再有領導才能，最後你的下屬也會因為你「吃獨食」而另謀他就。因此，你的成功也終將只是暫時的，而不是長久不衰。

智慧錦囊：

欲先取之，必先予之。不懂得分享，就別談跟別人合作，談了也是白談。道理是明擺著的，既然成就是大家努力的結果，理應大家共同分享。無論在工作還是在商業活動中，如果一個人總是功勞獨占，好處獨吞，那最終的結果是：沒人願意再理睬你。

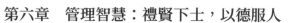

一碗水端平，管理者切忌偏私

管理者處事必須公平合理、出於公心、調解矛盾、扶助弱小、恩威並施、寬嚴相濟、一視同仁，才能順應下屬意願，得到大家的認同，並與大家同舟共濟。

由於上下級之間是一種相互依賴、相互制約的關係，這一關係若處於良好狀態，那麼雙方的需要都可以得到滿足。一般來說，上級希望下屬對工作盡職盡責，勤奮努力，以便圓滿地、有創造性地完成任務，而下級則希望上級對自己的工作給予重視，對自己的工作能力及成果給予認同，並在待遇上合理分配，在生活上給予關心。最傷害下級的是有了功勞上級代為領取，而有了過失則由下級自己承擔，這樣會使員工心理失衡。

每個人的機會都應當是相等的，做得出色的下屬，當然值得表揚，該評功論賞的也要給予獎賞，但平時也應該一視同仁地對待其他職工，因為獎賞是他出色工作的回報，他已經得到了回報，其他方面就應該仍然和大家一樣。因為工作中強調的就是公平。假若給予他一切特權，甚至對他做錯事進行包庇，那麼，如何讓別人模仿他，向他學習？

另外，還可能使他和其他人員產生距離感和隔閡感，使員工產生消極的情緒。一定要給員工一種公平、合理的印象，這樣才能激發員工更加努力，同時也使那些做出成績的人戒驕戒躁，不斷上進。同樣，對犯了錯誤的任何員工也應該撇開私心，進行懲罰。

每個人在規章面前都是平等的，無論什麼原因，都要以一個相同的標準去衡量考核。

當然對於體弱的職工和女性職工也不能夠另眼看待，如果的確沒有適合女性的工作職位，乾脆就不要安排女性，但如果安排了，就要同工同酬，不能留下什麼把柄，讓員工有所議論。體弱職工也應如此，在規定的工作時間內，他們與其他職工是一樣的，不享有任何特權，因為企業是一個群體，需要一個良好的工作氛圍，體弱人員的存在會影響大家的士氣。

對人員的管理切忌墨守成規。任何規定在制定之初都有它制定的背景，隨著時代環境條件的變化，背景也隨之改變，既然如此，所有的規定和法規也應該跟著發生變化，任何管理人員都應該切實了解這一點。

有的規定可能是基於某種原因而制訂的，但今日實施起來，則顯然過於迂腐，出現令人感到滑稽的情形。其實這種不合理的規定比比皆是。所謂「一人升遷，仙及『上司』」。另外，還有表揚零失誤的記錄者的制度。該規定不論工作性質危險程度的高低，都在同一基準點來考核評分，其實也一樣荒唐可笑，表揚無失誤的員工無可厚非，但必須注意到表揚評定的標準必須因時因地地作更細密的區分，配合實際情況隨時加以改善。如果墨守成規，不加改善，儘管表面看起來妥善完備，但實行起來，往往會引起意想不到的糾紛。

規則是人制定的，但往往既成的規則易於把人套住，當初人們絞盡腦汁想出的規則，經過了一段時間後常常會與實際脫節，出現種種的漏洞或缺陷。如果要將其修正，就需要花費相當的時間和精力，但若墨守成規不思變革，就會使人們成為規則下的犧牲品。因而一個總管應當時時注意自己所制定的規則是否存在不合理處或者不切合實際的需要，一旦發現有這種情形，就應該拿出魄力，廢除無法遵守的不合時宜的規定，制定出新的系統的條例。

智慧錦囊：

在處理上司與下級的關係時，要同等對待，不分彼此，沒有親疏，不能因外界或個人情緒的影響，表現出冷熱無常。當然實際工作中，有些主管並沒有厚此薄彼的意思，但又難免願意接觸與自己愛好相似、脾氣相近的下屬，無形之中冷落了其他下屬。這時管理者要適當地調整情緒，常與自己性格愛好不同的員工交往，尤其對那些曾經與自己意見相左的人，更應該加強溝通，增進了解，防止有可能造成的不必要的誤會和隔閡。有一些主管將與下屬建立親密無間的感情和遷就錯誤混淆起來，對於下屬的一些不合理的，甚至無理的要求也一味遷就，以感情代替原則，使純潔的情感庸俗化。實際上，這是把下級引入了一個盲點，對工作、對下級都極為不利。

要管別人，先控制你的情緒

不管任何人，只要在社會上混過一段時間，就多多少少練就出察言觀色的本事，他們會根據你的喜怒哀樂來調整和你相處的方式，並進而順著你的喜怒哀樂來為自己謀取利益。你也會在不知不覺中，意志受到別人的掌控。所以，如果你的喜怒哀樂表達失當，那麼還會招來無端之禍。

因此，高明的掌權者一般都不隨便表現出這些情緒，以免被人窺破弱點，予人以可乘之機。而且，越是精於權術的人，城府便越深。

事實上，喜怒哀樂是人的基本情緒，世界上根本沒有那種心如止水的人。

那種沒有喜怒哀樂的人其實是最可怕的，因為你不知道他對某件事的反應、對某個人的態度。所以，面對這類人時，很多人會顯得有些不知所措。

實際上，世上並不存在沒有喜怒哀樂的人，這類人只是不把喜怒哀樂表現在臉上罷了。對於管理者來說，在人際社交中，做到喜怒哀樂不形於色是很重要的。所以，作為主管，你要想管理好別人，那麼就要做到把喜怒哀樂藏在口袋裡，不輕易拿出來給別人看。

管理者一旦露出了真情，就容易被他人看穿，以至於受到撥弄，從而導致做出錯誤的決策。

「喜怒不形於色」，亦即盡量壓抑個人的感情，而以冷靜客觀的態度來應付事情，這種性格的人才配做管理者。

具有這種性格的領導者至少有三大優點：

- 當組織內部遭遇困難時，如果領導者露出不安的表情或慌亂的態度，便會影響到全體員工，一旦根基動搖，就會出現崩潰的局面。在這種情況下，如果管理者能保持冷靜、若無其事的態度，最能安撫人心。
- 在對外交涉時，領導者具有從容鎮定、成竹在胸的風度，可以有足夠的士氣壓住陣腳。但如果一個領導者把持不住而暴露出自己真實的感情，就如同自亮底牌一般，容易被對方控制，而屈居下風。
- 在官場上，不輕易表露自己的觀點、見解和喜怒哀樂，被稱為「深藏不露」，這是古今的管理者用以控制下屬的一種重要方法。歷來聰明的當權者一般都喜歡把自己的思想感情藏起來，不讓別人窺出自己的底細和實力，這樣下屬就難以鑽漏洞了，就會對主管感到神祕莫測，產生　種畏懼感，也容易暴露自己的真實面目。主管如同在暗處，下屬如同在明處，這樣便於領導者掌控一切。

雖然你已在許許多多大小會議上講過話、發過言，但是，突然有一個高級專家或主管來列席你的會議，你心裡可能也會稍微有點發虛，輕鬆的心緒變得有些慌張起來。

那麼，怎麼辦呢？

這時，你應該把表情調整到平靜、自然狀態，穩定一下自己的情緒，因為你是會議的主持者，你應該成為會議的中心，從而駕馭會議氣氛，不受其他因素的干擾。

或許，專家、主管的到來，正是顯示你才華的難得機會，因此，不應該過於拘束而無法發揮你的真實能力。你要相信你所講的話或發言內容是正確的，因為平時開會你也是這樣講的。不要因專家、主管在場，就影響你正常的語言表達，不利於會議正常地進行下去。

你要有一種不管誰來了都「唯我獨尊」的感覺和氣魄，認真、高效地做好會議發言，貫徹自己的意圖。

假如專家、主管在場時，你所講的某個觀點或某一句話出現了偏差，你發覺之後，絕不能不去改正，而故意掩蓋。你的偏差大家也會發覺，專家、主管也會明白，你如果為保全自己的面子，想糊里糊塗地遮掩過去，結果是欲蓋彌彰，專家、主管也會認為你不老實、不務實的態度。

出現了錯誤不要緊，你也不必後悔自己太不小心，只要勇於去承認錯誤，積極改正，亡羊補牢，未為晚矣，發言就會得以正常進行。

莎士比亞說過，嫉妒是罪惡的根源。什麼是嫉妒？嫉妒恰恰是一個人無法正視他自己和別人之間的差異，欲「高人一等」而不能罷了。

嫉妒比自己高明的人，或許是人的本性。但是作為主管，卻絕不允許嫉妒自己的下屬或同事。即使是嫉妒，也不要把嫉妒擺在臉上，而要藏在心裡，別讓下屬看見，否則會讓人瞧不起。同事之間可能存在著明爭暗鬥的現象，患得患失的心理也特別容易傷害到彼此平穩的情緒，影響工作的效率。所以，不要讓憂慮、嫉妒的心理左右你！

聰明人是不會被嫉妒心理中傷的，即使不甚開心，也不至於愚昧到要將它表現在臉上！從長遠的打算來看，萬一你對你的競爭對手露出難色，或者處處與他過不去，你將來勢必無法容納各種有才華的人，你的下屬也不會服從你的領導，衝突、難關將會重重包圍著你。想想看，這是多麼的不值得呀！

智慧錦囊：

人生，說長不長，對於一個有理想、有抱負的人而言，倒也不算短。眼前的一喜一憂，不足為懷，因為小不忍則亂大謀。這個社會的層面是廣闊的，同事間因嫉妒而起的紛爭，在外人眼裡總是可笑的，一個常被當做笑柄的人，有資格升為管理者嗎？

容人之量，是管理者的基本素養

為人處世，有容乃大，與人合作，更是如此。

周瑜跟諸葛亮合作不下去，最後周瑜被對方活活氣死，就是因為他沒有容人之量。再看看人家司馬懿，諸葛亮連送女人衣服招數都用上了，可是司馬懿就是不生氣，反而把諸葛亮給急死了。瞧瞧，像司馬懿這樣的人才是成大事的人！

某集團總經理張先生，是一名傑出的企業家，個人財富已達一億美元。他就很有容人之量，總是以寬廣的胸懷來處理與合作人之間的關係。

蔣先生，原來是建築公司的經理，懂技術，也能管理，在當地算得上是一個知名人物。後來建築公司調整產業結構，併入了張先生的集團。

建築公司的規模不算太大，但終究也是一支人馬，有一份家業，能不能順利地併入集團，的確很難說。有句古語：「寧為雞首，不為牛後。」蔣先生願不願意俯首稱臣呢？這個問題時刻困擾著張先生。

為了打消蔣先生的後顧之憂，張先生把公司第一經理交椅給了他。同時，張先生說得很坦誠：「你是公司第一經理，有職也有權，公司的事說了可以算數。但是有關財務、工作合約等方面的簽字，還是只能由我來簽。當然，我會先和你商量的。」

開始倒還順利，但一年之後矛盾來了。

建築公司與集團合併後，各方面的管理按張先生的方法嚴格化、制度化了。原來建築公司一些混飯吃的人沒辦法再從蔣先生那裡濫竽充數了。於是，閒話也就出來了，蔣先生也為此心煩。

張先生早已心中有數，他深知蔣先生不善於在人際社交中周旋，對於他這種懂技術，又曾經獨立率領過建築隊伍的人，最好是讓他直接處理工作，張先生想讓他到分公司去做。

誰料張先生還不曾開口，蔣先生卻先找上門來了，對張先生說：「明年我不做了。」這是在過年前，張先生對此並未計較，只說了句：「過年後再說吧。」

過年的時候，張先生要了一輛車，請上鎮長一起去蔣先生家所在的老家。當時，天下著大雪，路很不好走，當他們到了蔣先生家時，蔣先生激動地說：「雪這麼大，你……你還來了。」

張先生用自己的大手握住對方說：「我能不來嗎？」

張先生熱情地挽留蔣先生留在公司一起做，並說明了讓他去分公司具體負責的意思，鎮長也在一旁幫忙說話，喚起了蔣先生爽直痛快的秉性，他痛快地說：「我去！」

可是臨走時，蔣先生突然又找到張先生說他決定不去了。

張先生多少有些驚愕，也有些不快。但他還是穩住自己的情緒，對蔣先生曉之以理，動之以情。他坦率地說：「從經濟利益上考慮，你去分公司要比在總公司好多了。」他完全是為蔣先生著想的，但是蔣先生此時什麼也聽不進去。

話已經說到這個份上了，張先生不再勸說蔣先生了。只是說：「你要是真的不去，我也不強求，我已經講清楚了。我這麼做無非是顧及影響，而不是怕少了誰，企業就會垮臺，包括我在內。」

結果，蔣先生還是離開了三建，去了另一家鄉辦建築公司。由於經營不善，公司嚴重虧損，無法再經營下去，蔣先生只好另謀出路，想來想去還是想回到三建。

在蔣先生回來時，張先生迎上去。蔣先生說：「我……回來了。」張先生仍舊用他那雙溫暖的手，緊緊握住蔣先生，說：「回來了好，回來了好！」

蔣先生說：「真不好意思。」

張先生親熱地一拳打在蔣先生的肩上：「應該是我不好意思，你這個大人才，我都留不住！」

蔣先生現在是某集團建築公司的經理，是張先生的得力助手，由於他的工作很出色，成了某集團的支柱。

古語有之：「能容人者，得天下。」張先生的例子正說明了這點。因為他的容人之心，最後換來了蔣先生為他盡心盡力地工作，在事業上助他一臂之力。像張先生這樣不意氣用事，懂得用寬廣的胸懷來容納他人的人最終贏得了更多的人歸向自己，使自己在前進的道路上永遠比別人多一籌獲勝的砝碼——有容人之量。

智慧錦囊：

要想把事業做大，就得學會與人合作，而要想合作得成功，則需要寬宏的氣量。武林高手不會輕易揮動老拳，軍中名帥不會一怒出師。能容人者，別人自然會給他面子，不需要打打殺殺也能贏得勝利。寬廣的胸懷是每一個追求事業成功的人都應該具備的。只有這樣，你才能籠絡各方英才，才能與更多優秀的人或公司合作，成就自己的一番事業。

能夠容忍不同的聲音

人生活在群體中，由於資訊的不全面和溝通的不徹底，或是因為主觀的喜好而產生偏見是客觀存在的。如果一個企業長期存在著這種現象，就可能會影響到團隊精神的建立，不利於企業的發展。作為一名年輕的管理者，公司同事對你的偏見可能來自這幾個方面：

・你的處事風格員工不適應——人都有各自的喜愛，有的人喜歡接受明確的目標和任務的每個細節，有的人則不是這樣，他們往往覺得，如果管理者吩咐得過於詳細是對他們的不信任。所謂眾口難調，就是如此。因此，你最好做到因人而異。對不同的人應施以不同的風格，以免因風格上的不同而導致與員工關係緊張。

・員工自身的原因——很多時候，也許你的做法是正確的，是有利於公司發展的。但由於員工本身存在著某些不好的習慣，從而導致其不適應工作，而對你產生偏見。遇到這種情況你就應該具體分析，認真對待。人總有缺點，關鍵是看該員工的缺點是否影響了公司的利益，如果不是，那麼可以容忍。聘用一名員工就要最大限度地發揮他的優勢來為公司服務。作為一名管理者你應該多與員工交流，從而取得最大可能的和諧。當然如果這種偏見的根源是你自身的缺陷，那麼你就必須努力糾正。管理者一定要有良好的德行和素養。否則你很難在你的員工中形成一種魅力，很難使你的管理得心應手。

此外，同事們對於年輕管理者的偏見還可能來自於：

・誤解——你近來連連得到老闆的賞識而平步青雲，雖然這都是你辛勤勞動和出色表現的結果，但同事可能以為你拍馬屁搞小動作。這種偏見的產生還有另一個思想根源，即嫉妒。這時你應該保持沉默，因為語言只會使你越辯越黑，行動或許更有效。你要始終如一，不為所動，時間能見證一切。

有失偏頗的喜好——事實上，並不是每個員工的素養都很高，有的人喜歡以貌取人，他可能偏偏看不慣你的言行舉止。儘管你是十分優秀的，也努力地伸出了友好之手，但仍無濟於事。那麼你只能對其敬而遠之，切記不可與之樹敵，多一個朋友就多一條路，少一個敵人就少一個障礙。

智慧錦囊：

作為管理者，不管在什麼情況下，你都應該親善和富有忍耐精神，自身多作努力，打破僵局，營造一個和諧、輕鬆的氛圍。這樣做不僅有利於公司，也有利於你自己的工作，並使你保持舒暢的心情。

不要放大下屬的缺點

有許多管理者總喜歡過多地關心和放大下屬的缺點，於是這些有缺點的下屬便被冷落一旁而得不到重用，於是這些下屬便以更加狂傲和消極的態度進行抗爭，於是管理者便感覺自己對下屬這個缺點的推斷果然是正確的，於是便更加冷落和打擊這些下屬。因此，這些下屬實在無法忍受便毅然選擇造反或跳槽，管理者便憤而除之，最後用處理的結果來證明自己早已對一切都料事如神。殊不知，當初用人時如果能做到因才適用、揚長避短，那麼這些下屬其實原本就是棟梁之才！

所以，惡意推導，這就是管理者用人的劣根性，可悲啊！

魏延在《三國演義》中是一個讓後人嘆息的悲劇性人物。因為面相的問題，被「精通星相」的諸葛亮誣衊為「頭上長有反骨，日後必反」，於是諸葛亮便在後來的很多戰事安排中只是讓魏延「跑龍套」。這就為魏延從鬱鬱不得志到日後造反埋下了伏筆。這就像當今企業中有許多員工糊里糊塗地被主管看不順眼，於是便只被安排打雜一樣。

當第六次攻打祁山失利之後，諸葛亮自感行將就木，於是緊急召集眾將士，並當著大家的面將自己壓箱底的絕活——「八卦陣法」教給姜維，此時魏延也在一旁，對丞相的這手絕活，他當然更想學到手。因為他早已與司馬懿交戰多年，深知對方的秉性，如果這次能從丞相這裡學到「八卦陣法」，在以後的交戰中便能增加幾分膽略。所以面對丞相臨危授藝，這一切魏延看在眼裡，急在心裡。

待眾人走後，魏延又按捺不住心中的焦慮，重返中軍帳，懇求丞相以身體要緊，先回漢中調養，而自己憑藉與司馬懿多年的交戰經驗，願留守斷後。誰知諸葛亮這時表現出了最為「官僚」的一面，他馬上臉色一沉，說：「文長，此事關係重大，要不我表奏聖上，等聖上御批之後，再做決議如何？……」就這樣，一遇到實質性的問題，諸葛亮便把「審批權限」這個皮球踢給了「主管」。

魏延當然知道結果將會是怎樣，且不說聖上不批的情況，即便是聖上批了，憑當時的資訊傳遞時效，到檔批下來的時候他諸葛亮也早死了，那時候「八卦陣法」根本不可能傳授。於是，諸葛亮這一次惡意扯皮的「官僚作風」再一次強化了魏延日後造反的信念。

如果說諸葛亮在這次的臨危授藝中僅僅是「打了個官腔」，那麼更為卑劣的就是他臨死時對魏延的「惡意推導」——他給馬岱一個錦囊，授意馬岱說：「我死後魏延必反，如果魏延有一天真反了，你就按我說的做法殺了他。」

縱觀歷史，我們說：「自古英雄多狂傲。」此言不虛。魏延就是其中的典型代表，於是在連呼三聲「誰敢殺我」之後，其頭顱也果然應聲落地。可是他萬萬沒有想到，這一切「劇情安排」居然均出自「已故導演」諸葛亮的手筆。

很多人看《三國演義》都不自覺地為諸葛亮的神機妙算所折服，都在欽佩他死後還能夠預言魏延必反，還能為國家除去一個反賊。但我每次看到這裡都會不自覺地滿腔悲憤。我一直在想，如果諸葛亮在開始就能夠善用其才，充分尊重魏延的軍事才華，那麼肯定能有效地緩解魏延的狂傲，從而也就不會發生六出祁山的失敗了。

古往今來，大凡恃才傲物者，均是有一定特殊才能而其才能沒有受到主管的重視所致（比如劉備怠慢龐統，只派他去做個小縣官，於是龐統就每天散漫）。這就像一個小孩，如果父母誇獎他，他就會做得更好；而如果父母沒有關心他的表現，於是他就會哭鬧。究其目的，無非是為了重新喚回父母的誇獎而已。

智慧錦囊：

對於比較狂傲的下屬，作為管理者更應該俯下身來認真探究他狂傲的背後是否有著滿眼的期求。而絕不應該進行「惡意推導」，斷定這個人不太好管教，於是就更冷落他，最後使得下屬在無盡的絕望中奮起造反或黯然離去。無論哪種結果對管理者而言都是極大的損失。但在現實管理工作中，我們發現，這種最基本的管理要求仍然有相當多的管理者很難做到。

不要以成敗來評價一個員工

勝負乃兵家常事。沒有勝負的企業競爭，是純理論的。因此，容許下屬有勝負，只是希望下屬能「負負得正」，走向勝利。這是身為企業管理者的用人責任！但是有的管理者一旦發現下屬犯有錯誤，就表露出嫌棄的情緒來，大大打擊了下屬的自尊心，也影響了別的下屬的積極性。

一般來說，業績出色的員工往往容易受到管理者們的偏愛，而對於那些有失敗、過失記錄的雇員來說，他們會在管理者心中多少留有一些偏見。

管理人員的這種心態，對企業人際關係而言是非常有害的，最終可能會導致兩極分化，與員工之間產生對立情緒，而且你也許會成為企業中「眾說紛紜」的人物。

員工業績的取得，是企業的一件喜事，也是值得你為之驕傲的事，但這種驕傲一定要基於企業這個大家庭的基礎之上，而不能滋生一種強烈的個人偏好和憎惡的情緒。

員工一次成績的取得絕不能成為他賺取私人感情的砝碼，你對其個人的偏愛，雖然在很大程度上給了他信心與繼續挑戰工作的勇氣，或許隨之而來的還有更多的獲得工作業績的機會，但是企業是屬於每個成員的，所以每個人都應該享受同等的權利與待遇。

你對某個員工的偏愛，會讓其他員工為你們的這種親密關係不知所措，一個個問號會在腦海中肯定了又否定，否定了又肯定，在一段時間的折騰之後，他們與你和所喜愛的那位雇員的距離會越來越遠。

由於待遇的不平等，機會享受的不公正（至少他們會認為是這樣），企業的人際關係會變得更加緊張，人們從你的偏愛中也學會了選取個人所好來加強個人的實力。結果，最糟糕的事情發生了，企業彷彿變成了四分五裂的散體，無數的小團體使企業的這股繩結出了許多解不開的「死疙瘩」！

你對業績不太出眾或犯過錯誤的員工的成見與你對業績好的員工的偏愛一樣，對企業的人際關係的和諧、企業的發展同樣有害。

人非聖賢，孰能無過，錯誤固然是不可原諒的，但你卻不應該給這位可憐的員工下了「他只會犯錯誤」或他根本無法辦好此事的結論。

犯了錯誤的員工通常都有自知之明，他們在對自己行為檢討的同時也是懊惱不已，你對他們的歸類不僅使得他們的信心又遭受了一次打擊，而且，他們還會產生破罐破摔的消極情緒，並對企業與你個人產生極強的敵對情緒，這顯然是危及企業安定團結的潛在危險。

消除你心中對有過失的員工的已有成見，別讓他幾次失敗的經歷總縈繞在你的腦海中，使你總是懷疑別人有沒有改過自新、從失敗中總結奮起的能力。平心靜氣地與他們懇談，幫助他們找到錯誤的原因，恢復他們的自信，你要在語言中充分表示出對他們的信賴，只要他們能走出自我消極的盲點，一樣能為企業做出貢獻，況且失敗的經歷正孕育著成功的希望。

智慧錦囊：
按企業兵法講：負者一旦被重用，將會拚命到底。作為一個管理人員，你應該懂得，員工個人的成功與失敗是企業榮辱的組成部分。你的任務是不斷地充實群體的力量，而不是人為地製造分裂。

主管很生氣，後果很嚴重

身為管理者，有時為了工作不得不斥責下屬。然而，罵人卻比被人罵難得多。

在責罵下屬的時候，千萬不可以用「笨蛋」或「混蛋」這一類的字眼。此外，罵人的時間不可太長。你可以強調言辭的內容來加深對方的印象，只要是稍有常識或自尊心的人，你這樣提醒他，就足以讓他知道事情的嚴重性。對於反應遲鈍的人，有時不得不使用打擊治療法，如「你到底知不知道該怎麼做？」「你認為自己盡到責任了嗎？」

有時候，你必須很大聲地告訴下屬：「因為公司的要求嚴格，所以我也必須嚴格要求你。」尤其是對那些即使犯了錯也認為「這沒什麼大不了的」或是「只要不說，就假裝忘記好了」的粗心型下屬，更得清楚地告誡他們不能有這種想法。

除了對當事人之外，有時候也可以提醒周圍的人，如果能讓其他人產生「主管真的生氣了！還是小心點好」的想法，那你就成功了。此外，罵人的時候，一定要清楚地點明問題，如果讓對方挨了罵還不知道是為什麼，那可就一點意義也沒有了。不但如此，還會讓大家認為你莫名其妙呢！

「雷聲隆隆」地指責完下屬之後，別忘了適時地給予安慰，讓挨了罵而沮喪萬分的下屬，有再重新衝刺的勇氣。但是，安慰要得法，可別讓對方以為你是罵了人後悔，這樣可就會產生讓對方看輕的反效果。所以，在斥責與安慰之間，必須保持一段適當的時間，最好是在半天到一個禮拜之間。

進行管理時，偶然發一頓脾氣的效果，要比你冷言冷語挖苦或用激將法來得有效。只不過，這是需要掌握天時、地利、人和的，否則在別人的眼中，你恐怕生氣不成，還要被譏笑為瘋子。

真正懂得精妙地運用「勃然大怒」於管理層面上的人，發怒的機會反而會很少，但其力量非常強勁深遠。

主管很生氣，後果很嚴重

管理者在發怒時應注意以下幾點：

- 一戰即勝的大發雷霆——真正能發揮效果的怒氣，都看重事後的威力。故此，要掌握快、狠、準的要訣，不但要發對脾氣、發對人，還要適得其所，才會有平地一聲驚雷般的氣勢。只有這樣，才能達到真正奏效的作用。而自以為是的咬牙切齒或惡狠狠地放暗箭傷人，日子長了卻反會演變成一種積怨，實際上是一點效果也沒有的。
- 貨真價實的憤怒演出——新上任的管理者，為了日後容易管理，並使下屬聽命行事，通常會在上任的頭幾天安排一次完美無瑕的憤怒表演，而目的就是為了警告眾人：「我可不是好惹的啊！」不過，可別以為發怒一定是可以事先安排好的，若你沒有非凡的表演天賦，或已練就一身發威的好本領，這麼做只不過會給人留下笑柄，效果也絕對比不上一舉發作時的真正怒氣！
- 勃然大怒應適可而止——在工作中發怒要達到神奇的效果，發洩怒氣的原因與理由必須讓人清楚地知道。因為發怒有理，才能發得心安理得，而事後彼此也能維持彬彬有禮的圓滿結局。但最重要的是，發脾氣的人一定要知道收斂，否則若一時頭腦不濟而欲罷不能，動輒便來一次發作，三番兩次沒由來地大發雷霆，後果就難以控制了。

智慧錦囊：

主管很生氣，後果很嚴重！其實真正後果嚴重的不是員工，而是管理者本人。動不動就發怒、斥責下屬的主管，絕對不是一個好主管。其實，只要秉持尊重的態度，並且見好就收，相信一般明白事理的下屬，都會認真地聽取你的意見！

第七章　愛的智慧：「愛」乃成就和諧的基礎

現代社會，工作壓力的增大，生活節奏的加快，諸多矛盾不斷湧現，使現代人承受著更多的精神壓力。隨之出現的各種心理問題也越來越多。心理健康問題成了家庭和諧、社會和諧的障礙。因此，和諧成為人們越來越關心的話題。然而，要想向和諧社會靠近，我們首先就要掌握好自己手中的「愛」。

父愛如山，需細細品味

一般來說，父親和兒子的關係是最微妙的。父親是兒子的第一偶像，但兒子的成長卻幾乎必須經過偶像的倒塌這個令雙方都痛苦的過程。比較起來，父親更為痛苦，因為他的權威僅僅建立在自然法則的基礎上，而自然法則最終卻對他不利。他很容易受一種矛盾心理的折磨，一方面望子成龍，希望兒子比自己有出息；另一方面卻又懷著和社會脫節的警惕與恐慌，怕兒子因此而輕視自己。

父親入土為安的那一刻，陳浩元才清楚地意識到，父親真的離自己遠去了。於是，淚水再次模糊了他的雙眼，愧疚和遺憾如潮水般地湧上心頭。

陳浩元的父親是個標準的農夫，勤勞務實。他一輩子與土地為伴，田間地頭，春耕秋收，他用雙手從土地裡刨出一家人的生計。在陳浩元的印象裡，父親一直是晚睡早起，忙進忙出。在童年時代的陳浩元眼裡，父親是偉大的，他身上所表現出的傳統美德讓陳浩元敬畏。

然而，隨著年齡的增長，陳浩元開始認為父親沒有脾氣、沒有個性。於是，他不再害怕父親，甚至心裡有點輕視父親。當時，陳浩元家裡人多地多，好像總有忙不完的務農工作。有時為了搶收搶種，父親也派給陳浩元姐弟幾個一些雜工作，如剝玉米、刨地

父愛如山，需細細品味

瓜。從小就任性的陳浩元極不情願務農，但又不得不做。為此，他把當時所有的厭煩、惱恨全都集中在父親一個人身上。雖然當面還不敢說，但背地裡總是埋怨父親。

長大後，陳浩元雖然對父親的了解多了起來，可是陳浩元仍只是簡單地根據自己的好惡來評價父親，眼裡只看到了父親身上的所謂的缺點，一味地認為父親老實無能。以前，在陳浩元的家鄉，家家戶戶都養牛耕地。因此，人們衡量一個男人有沒有本事，就看他能不能使得一手好犁耙，否則，他會被人笑話的。而陳浩元的父親作為家裡的主要勞力，一個一輩子與土地打交道的人，竟然不會用牛耕地，這難免被人議論。為此，陳浩元從心裡怨恨父親，不願在別人面前提起父親，甚至還開始責怪父親。

至今陳浩元仍清楚地記得那次呵斥父親的情景。那天，他和朋友們一起聊天，不知因為什麼，他們都自豪地誇起了自己的父親。陳浩元在一旁卻無言以對。正在他自感狼狽的時候，恰好父親來喊他回家吃飯。「別管我，我不讓你管！」陳浩元不耐煩地對父親呵斥起來。父親的臉一紅，憤怒地朝兒子舉起了手。可過了一會，父親又默默地把手放下，並轉身離開了。望著父親遠去的背影，陳浩元不但沒有絲毫的自責，反而生出一種勝利的竊喜。

轉眼間陳浩元進入高中，對父親的態度並沒有改變，還因自己有了點知識而變得更加清高起來，更加苛刻地挑剔父親。小到走路說話，大到為人處世，陳浩元總自覺不自覺地干涉父親。對父親的責備後來慢慢變成了一種習慣。有時還自以為是地朝父親大發脾氣，有時又毫不顧忌地斥責父親……就這樣，在陳浩元的責備聲中，父親變得沉默了。尤其是在只有他們父子倆的時候，父親越來越怕和陳浩元說話。

由於陳浩元的一意孤行，父子間的隔閡一天天加深，陳浩元對父親的傷害也一天天加深。

天有不測風雲，在陳浩元考上專科後，五十多歲的父親因眼疾雙目失明。其實，如果早些治療，父親的眼睛可能不會出現這種情況。為了省錢，父親一直瞞著自己的病情。當父親不能下地工作時，陳浩元才漸漸地意識到，原來沉默寡言的父親一直都是家裡不可缺少的支柱。但是，陳浩元還是沒有強烈地意識到長久以來自己對父親的傷害之深。直到有一天，陳浩元從母親口中真正了解了父親的一片苦心。

那時，為了供應陳浩元、弟弟和妹妹上學，失明後的父親也不願閒著，開始摸索著在家裡養豬。少則三五頭，多則十來頭，賣的錢的確給家裡添了很大一筆收入。母親要在地裡忙，很少能幫父親。因此，配料、餵食等一切都是父親自己摸索著一點點做的。可是，陳浩元依舊不理解父親，還因嫌父親整天一副髒兮兮的樣子而發火。

那天學校放假，陳浩元走進家門恰巧碰上父親從豬圈裡出來。看著父親髒兮兮的樣子，沒有思索，陳浩元便責備道：「歇著吧，瞎忙啥哩！」父親聽出是兒子的聲音，忙招呼了兩聲：「回來了？回來了？」然後，他便摸著一條凳子坐在一邊，局促得不再說一句話。

晚上陳浩元正看電視，母親心事重重地坐在陳浩元身邊，向陳浩元說起了父親，講起了父親的過去。最後，母親語重心長地說：「浩浩，以後別再責怪你爸了，他很辛苦，昨天你爸還對我說：『我眼睛了，更沒本事了，就想多餵幾頭豬賺點錢讓兒子早點畢業。』」陳浩元靜靜地聽著母親的話，濃濃的悲哀在心中滋長，是啊，自己何時體諒過父親，又替父親做過什麼呢？正當陳浩元意識到自己對父親的傷害，想辦法進行補償時，父親卻突然離開了這個世界。

父親的死，緣於一次意外。那天晚上，父親不小心從平房上掉了下來，從此便不省人事。在醫院搶救了三天，父親依舊是時而清醒，時而昏迷。然而，在父親偶爾清醒時又總是向陳浩元交代：「我們回家吧，我沒什麼事的！」儉樸了一生的父親從來都捨不得多花一塊錢，包括治病。但最後回到家時，父親已經什麼都不知道了……

父親走了，留給陳浩元一生的自責和遺憾。

「子欲養而親不待」，等陳浩元徹底醒悟過來時，父親已經不再給他懺悔的機會了。操勞了一生的父親，帶著未了的心願靜靜地離開了兒子，離開了那個家。都說養兒為防老，可陳浩元的父親還沒有享受到清福呢！

偉大的父親即使從來不提對兒子的養育之恩，兒子也該自有感悟的。兒子在父親默默的付出中更能體會出某些深沉的感情，而父子間更需要保持思想與情感的交流。西方的父子關係基本上以朋友式的關係為主，或可借鑑之。朋友關係使父子處於平等地位，有利於溝通，隔閡不易形成，矛盾自然就少了。與此同時，作為兒子的也要多體諒父親的心情，他不會比你好過多少，相反他更需要你的理解與尊重！

智慧錦囊：

作為兒女的我們，不要等到一切都後悔莫及時才懺悔，為自己的人生空留下遺憾。在我們還能為父親、家人盡孝心的時候就要充分地展現出來，表達出我們的愛，就像他們愛我們那樣，似山般淳樸、厚重。也許父愛的表達就是這樣的，倘若你不夠細心，一個疏忽就把父親的愛給耽擱了……

最應珍惜的是母愛

人類最偉大的愛莫過於母愛。古往今來，多少詩人用最美麗的詞語歌詠過母愛。孟郊這樣說：「慈母手中線，遊子身上衣。臨行密密縫，意恐遲遲歸。誰言寸草心，報得三春暉。」母愛是博大的，她的博大足以和日月齊輝，同時母愛又是細微的，細微得猶如慈母手中那纖纖絲線，博大與細微在母愛這裡找到了最好的契合點。

母愛深明大義、柔中有剛。當你啼哭於襁褓時，母愛是溫馨的懷抱；當你咿呀學語時，母愛是耐心的導師；當你熬夜備考時，母愛是暖暖的熱茶；當你遠行時，母愛是聲聲的嗚咽；當你取得成績時，母愛是激動的淚花；當你病臥在床時，母愛是布滿血絲的雙眼；當你沾染惡習時，母愛是苦口婆心的勸勉；當你如履薄冰而屢教不改時，母愛是撒在你傷口上疼在她心上的那把鹽……

自從王家豪考上大學，就很少回過老家。五光十色的城市生活讓他眩暈、痴迷、幸福、不知所措。他拚命學習，只為讓這座陌生的城市能夠接納他。最終他真的留在城市了，並且透過貸款，貸款了一間兩房一廳。

可惜的是，母親沒有來過城市，他連婚禮都是在城裡舉行的。

婚後好幾年，除了春節外，他從來不曾回過老家。兒子想奶奶，跟他鬧了好幾天，最後他只好跟妻子商量能不能把母親接過來住些日子。

妻子同意後，他給母親打了個電話，說：「您來住一些日子吧。」

母親說：「我在城裡住不習慣。」

王家豪說：「您就來吧，小寶說他想您。」

母親想了想，終於說：「好吧。」

就這樣，母親來到了城市，那是她第一次來到城市，城市讓她感到不習慣。

母親來的時候，帶了整整兩袋東西。一袋子裝滿剛從菜園裡摘下的新鮮蔬菜，另一個袋子裡裝滿剛從地裡採下的玉米。那樣的蔬菜城市裡到處都有賣的，價格也很便宜；那樣的玉米賣得更多，他們早已經吃膩了。母親帶來了她所能帶過來的鄉下的所有東西，卻唯獨沒有帶來鄉下的習慣。她戰戰兢兢地在屋子裡走動，小心翼翼地和兒子及兒媳說話。六十多歲的母親知道城市和鄉村的區別，知道裝修豪華的大樓和簡陋的鄉下老屋的區別，即使住在兒子家，她也不能太隨便。

王家豪的工作很忙，不可能時時陪著母親。妻子也忙，她得去公司上班，去健身房健身，去電影院看電影，去才藝班學英語……於是，他們把母親留在家裡，讓兒子陪著她。妻子對母親說，這是馬桶，按下小按鈕，沖半杯水，按下大按，沖整杯水；幫小寶泡牛奶的時候，用熱水瓶，往下按這個開關，就能出來六十度的溫水……

母親的表情就像一個懵懂的孩子，這麼多事，這麼多規矩，她怕記不過來。

王家豪夫妻倆上班出門了，母親小心翼翼地關上門，愣愣地坐在沙發上。她不敢用抽水馬桶，不敢開液晶電視，不敢開冰箱，不敢接電話。後來她不得不硬著頭皮打開了熱水瓶，為自己的孫子泡了一杯牛奶。那個上午她只敢碰熱水瓶，其餘都不敢觸碰。母親嘆了口氣說：「我不住了，在城裡真住不習慣……」母親第二天就回了鄉下。這時王家豪才想起來，母親竟一次也沒有用過家裡的洗手間。母親腿腳不便，可是她仍然堅持去一公里以外的公廁。母親留下的那些青菜和玉米，他們吃了很長時間，還是沒吃完，最後只好扔掉了。

一年後，王家豪的生活發生了重大變故。妻子帶著兒子與他離了婚，一個完整的家瞬間破碎了。那些日子他每天都生活在渾渾噩噩之中，最後被公司解聘了。他重新變得一無所有，整天悶在家裡，借酒澆愁。終於有一天，他在橫越馬路的時候，被一輛汽車撞倒在地。雖然沒什麼大礙，可是需要臥床養傷。醫生說：「你需要在床上至少躺半年的時間。」

母親再一次進了城，這次是她主動要求來的。王家豪不想讓母親看到他現在的可憐模樣，他勸她不要來了。母親說：「我還是去住些日子吧！」

王家豪不解地問：「您不是住不習慣嗎？」母親說會習慣的。來到城裡的當天，母親就幫王家豪煮了晚餐。母親說：「你放心，煮完飯，我不會忘記關掉瓦斯爐的。」

王家豪驚訝地發現，這次進城，母親竟然表現出驚人的適應能力。她把冰箱整理得井井有條，每次關冰箱，都不忘看看冰箱門是否關嚴；她修好了一把斷了一條腿的木椅；她把冷氣溫度調得恰到好處；每當有敲門聲，她總是先問一聲誰啊，然後再透過貓眼看清楚門外的來人；她把洗手間和地板拖得一塵不染；她用微波爐幫他加熱麵包；用果汁機幫他榨新鮮的果汁。在短短的幾天之內，在鄉下生活了大半輩子的母親就迅速變成了一位標準的城市老太太。她無微不至地照顧著自己的兒子，就像在鄉下照顧小時候的他。

後來，王家豪的傷好了一些，就和母親聊天，無意中提到自己可以寫作賺錢。母親說昨天我去超市買菜，問樓下的老大姐，她說現在寫作要用電腦。王家豪搖搖頭說：「我只是隨便提提，都扔這麼多年了，還是算了吧。」母親說：「不能算了，我明天給你去電腦商城問問。我問過那位大姐，她說組裝的電腦會便宜一些。我有錢呢！」母親說完，便從口袋裡拿出一個紙包，紙包裡面包了一些錢。母親說：「這是我這幾年存的，四萬多元，就給你買電腦吧。」

第二天，母親真的一個人去了電腦商城，中午沒有回家，只是打一通電話回來。在電話裡，母親對王家豪說：「你要二十吋的顯示器還是二十二的液晶螢幕？二十吋的便宜，也清晰，但太小，看著可能眼睛不舒服。記憶體和顯示卡……」那一刻，王家豪簡直不敢相信自己的耳朵。一個跟泥土打了一輩子交道、識的字肯定不會超過一百個的農村老人，竟然說出了液晶螢幕、記憶體、顯示卡！只要他需要，那麼，母親就必須了解這些。因為她在為他做事，因為她是他的母親。

電腦買回來後，王家豪真的開始了寫作。開始當然不順利，不過也零星發表了一些。隨著發表量越來越大，他的心情也越來越好。半年以後，他幾乎完全變成了另外一個人。他想，假如沒有母親的鼓勵，假如沒有這臺電腦，那麼，他不知道自己那種灰暗的心情，還能夠持續多久，他會不會天天泡在酒杯裡，永遠消沉下去。現在他徹底忘掉了自己的不幸，感覺生活一天比一天美好。

突然有一天，母親在客廳裡摔了一跤。王家豪過去扶起母親，母親說：「地板太滑了，這城裡，我怎麼也住不習慣。」那一刻，王家豪努力抑制了自己的眼淚——母親為了他，幾乎適應了城市的一切；而他，卻從來沒有想過讓這個家適應自己的母親，哪怕是換成防滑的地毯。

他羞愧萬分地說：「明天我就找人把地板換成地毯。」

母親說：「不用了，明天我想回去。」

他問：「為什麼？」

母親說：「因為你已經不再需要我的照顧，我留在這裡，只會耽誤你寫作。還有，地裡的莊稼也該收了，怕你爸他一個人忙不過來。」

王家豪懇求母親再住些日子，可是母親說什麼也不肯。她說她真的住不習慣。如果你想我了，就回鄉下看我。

把母親送上火車時，王家豪叫了一聲媽，淚水突然滂沱而下……

這就是世間最偉大的母愛。一個母親，為了自己的孩子，她甚至會犧牲自己的一切來滿足孩子的一切需要。就像王家豪的母親一樣：當她認為兒子需要自己時，她會迅速改變自己多年的習慣，變成一位標準的城市老太太；而當她認為自己已成為兒子的累贅時，她又會迅速恢復自己的習慣，重新變回一位年老的農婦，遠離兒子而去。似乎她的一切都是為兒子而存在，為兒子而改變。她的心裡面，唯獨沒有她自己。

智慧錦囊：

母親與子女的血緣關係，是母愛的不竭源泉。有了母愛不孤獨，有了母愛不畏懼。失去了母愛就是草原上失群的牛羊，就會迷失方向。希望所有的人都擁有和諧的家庭和永遠濃厚的親情，如果你仍然擁有母愛，記得好好珍惜，不要等失去了才追悔莫及。

少一些埋怨，多一些感恩

骨肉親情，血脈相連，不管發生什麼事都不會改變。親情需要彼此精心呵護，懂得相互寬容與理解。作為至親，無論遇到什麼困境，都應該少一些埋怨，多一些感恩。也許你會在生活中遇到難關，但不要緊，因為有親情的存在，那一點小風浪是不會擊倒一家人團結的力量的。

也許在你埋怨自己的父親或母親不如某某的父親或母親有地位、有錢時，而你的父母卻依然如舊地愛著你。雖然他們沒有給你最優越的生活條件，但他們知道，他們的愛卻不是廉價的，這足以可以與富家子弟的父愛、母愛相媲美。相信做兒女的倘若意識到了這一點，就不會再對父親、母親有任何埋怨，而是時時抱著感恩之心了。

小剛是個農家孩子，以高分考取了某國立大學，但家境貧寒，即將開學仍未籌齊學費，全家因此陷入了窘境。他的父親年近花甲，窮得直到四十歲才成家。他幼年時，命運又遭變故，母親罹患了精神病，一天到晚瘋瘋癲癲的。這個家庭經濟十分拮据，老父親在附近工地做小工以維持生計，既要供他上學，還要為妻子求醫問藥。

如今，繳數萬元學費迫在眉睫，毫無辦法，只好向社會求助。

有位記者獲悉了這一情況，專門來採訪這個家庭。

記者來的那一天，小剛很早就在路口迎接了，見記者到來，他笑著問好。他瘦弱黝黑，但眼神閃亮，穿著一件短襯衫，但毫無拘泥之態。小剛的父親趕緊用袖子擦拭長凳，笨拙地請記者坐。他的母親則一直倚著門框，咧著嘴傻傻地笑。

小剛的住家比記者想像中的更為簡陋。牆面上的石灰已經紛紛脫落，陽光透過磚縫射進屋裡，在坑坑窪窪的地面上留下斑駁的影子。臥室擠放著兩張木床，被褥已經舊得發白，床單早破了，露出黃黑的棉絮。

床邊就是破舊的書桌，但桌上收拾得井井有條、乾乾淨淨，放著幾本書。

早在去採訪的路上，記者就在想，生活在如此不幸的家庭，這孩子該是愁眉不展吧！平日裡，他肯定也是怨天尤人，茫然無助甚至痛哭流涕吧。可是很奇怪，他們在小剛家待了半個多小時，小剛始終精神爽朗、言談自信，還時常發出清脆的笑聲，給這個沉悶的家帶來了生機。

臨走的時候，記者終於忍不住問這個青年：「你生活在這樣的家庭，真的不曾埋怨老天嗎？我們給你籌措的學費也還不夠，到開學還未湊齊，也許你不得不放棄讀書……」

小剛驚奇地看了記者一眼，笑了，認真地說：「我不會埋怨，只會感激。我爸爸很愛我，他每天早出晚歸，盡著他最大的努力，支撐著這個家。我母親有病，常和左鄰右舍爭吵，別人勸都勸不住，但只要我一喊她，她就會乖乖地跟我回家。我知道，那是因為她也愛我。他們都愛我，這個家庭雖然窮困，但很溫暖，我又有什麼理由去埋怨呢？」

記者恍然大悟：是啊，能感受這樣的愛，當然會寬容命運的不公，會看出簡陋背後的美，會抹掉一切的不幸，挺起胸膛昂揚生活！

從小到大，我們受到父母的恩惠實在是太多了：父母給我們以生命，歷盡艱辛養育我們；父母給我們以呵護和溫暖，使我們得以成長……我們當然應該感謝，就像我們應該感謝光輝的太陽、和煦的微風、溫潤的細雨一樣！

曾有一位政治家在回答記者提問時，說過一句非常意味深長的話：記者的問話裡隱含著指他相貌平平，會不會影響工作的意思，他回答說：「關於這一點，我的母親有不同的看法。」他的回答不僅機智，而且非常睿智、深刻。都說「兒不嫌母醜」，實際上是「母不嫌兒醜」。母愛的博大，確是三春之暉；子女的回報，不過是一滴水。但是在父母眼中，子女的涓滴之報，都是陽光，都是湧泉。

一位先生在外漂泊十年，回家見到白髮蒼蒼的母親，他愧疚於十年沒有伺候母親，卻讓母親有許多牽掛。懷著這樣的心情，他問母親對他有什麼要求。母親想了想，說讓他陪她到街上走走。到了街上，遇到認識的人，母親就含笑向人家介紹：「這是我的兒子。」說這話的時候，她的臉上洋溢著滿足，甚至洋溢著驕傲。

不久，他又回到了工作職位，仍是很少有探親的機會。幾年以後，母親去世了，這位先生意識到，自己所能報答母親的，似乎只有那一次讓母親得到的些許滿足。

對父母感恩，重在自認只是履行應盡的責任、應盡的義務、應做的奉獻；父母之愛不是放債，不計算利息，投桃並不要報李。受到父母的恩惠所以要感恩，是為了懂得骨肉至親為我們做了多少。有了感恩的心情，我們即使遭受挫折，感覺到我們受到某些不公正的待遇，碰到一些無法逾越的障礙，也不會怨恨失望，更不會自暴自棄。

智慧錦囊：

感恩，不是壓力，不是桎梏，更不是債務負擔，而是催人向上的動力。學會感恩吧！我們從父母和師長那裡學會感恩，我們還要教給我們的孩子學會感恩。在感恩的心情中，我們將成為更健康、更完整、更完美的人。

夫妻之愛，莫過理解、感恩

結婚後，隨著時間的流逝，新鮮感逐漸消失，瑣碎的家務事中難免有了一些積怨。此時，夫妻間的美麗愛情漸漸褪色，只剩下生兒育女、鍋碗瓢盆……如果夫妻關係協調不好，一點小事就能引發「家庭大戰」，甚至走到不可收拾的地步。

其實，夫妻間只要做到多從對方的角度考慮問題，那麼很多矛盾就不會存在了。

有一對差點離異的夫妻的故事，很值得人們咀嚼。這對夫妻離婚的主要原因是丈夫每天在外應酬多，接觸到的都是些高雅而有趣的「上層人士」，他漸漸認為妻子太家庭主婦化，而且兩個人在許多事情上的看法差距也越來越大。

離婚前，丈夫問即將搬出去生活的妻子，還需要他做些什麼？妻子平靜地說：「我為你做了十多年飯了，現在只想你也下廚為我做一頓飯。」

丈夫答應了妻子的要求，一大早就去菜市場買菜，然後洗菜、圍上圍裙炒菜……妻子一直在旁邊平靜地看著。等一桌豐盛的飯菜擺上桌，丈夫端起酒杯對妻子先說了聲「對不起」，然後事情便出現了戲劇性的變化，丈夫開始請求妻子原諒他，他說不想離婚了。

透過做這一頓飯，他重新審視了妻子對自己的愛，特別是站在瓦斯爐前那種感覺特別強烈、特別嗆人的油煙味，他看到樓下那個嘈雜的菜市場，這是妻子看了十多年的景色。瓦斯爐前是妻子看待社會和生活的角度，而他偶爾有空也只是在擺滿盆栽的前陽臺看看大街上的車水馬龍。站在妻子的角度來觀察，他便覺得妻子平日裡對自己嘮叨的一些家務事有了許多感慨。

由此可見，很多夫妻關係之所以會隨著結婚年限的增加，反覺得乏味，漸漸產生厭倦感，其原因多是夫妻間產生裂痕後，由於缺乏應有的情感交流，不願意向對方表白自己的內心感受，不願意袒露自己的真實情感，久而久之，生活才失去了快樂。夫妻間的矛盾可能就是從一件小事鬥氣開始的。因此要時時注意處理好夫妻間的衝突問題，以免產生裂痕。

夫妻間要經常坐下來交換意見、互相溝通。尤其要把自己的苦衷傾訴出來，在逆境中，最需要的就是親人的慰藉。

同樣是一對即將離婚的夫妻，因為妻子總嫌丈夫沒有男子氣概。離婚前他們決定出去旅遊一次，然後好聚好散。當他們從高山回來後，兩個人卻和好如初。原來，在山上看風景時，妻子注意到，每當走在一側是懸崖的山路上時，丈夫都會悄悄地走在靠懸崖那側。這讓她想起每次過馬路時，丈夫總會情不自禁地去牽她的手……終於，她主動伸出手去，牽住路上一直保持著一肩之隔的丈夫的手，說永遠也不會放下了。

夫妻要同心同德，積極構建幸福溫馨的港灣，讓家溫暖如春，溫馨和諧。夫妻間能設身處地地為對方著想，注意對方的精神與物質需求，尊重與信賴相結合，寬容與體諒相結合，互相多讚美、肯定、鼓勵、幫助，就能得到愛人更多的愛。

智慧錦囊：

夫妻感情要想和諧，遇事就要多「換位思考」，設身處地地替對方想想。常常換位思考是非常必要的，男人若不懂女人細膩的情感，女人就會覺得自己被忽視、受冷落。所以，男人應該多站在女人的角度思考一下；同樣女人也應多包容男人的粗枝大葉。夫妻間需要奉獻、犧牲，需要多些理解、關愛。有句俗話說：「百年修得同船渡，千年修得共枕眠。」十幾億人中，兩個人走到一起結婚生子共度一生是一件多麼的不容易的事，彼此互諒互讓、和睦相處，一同創造富裕祥和、美滿溫馨的家庭，將是多麼幸福、愜意的事！

愛，是不斤斤計較

不要認為結了婚了便萬事大吉利了，這只是一個開始。生活裡有變數，會使人變得搖擺不定，變得神經質，變得世故，失去生活的熱情，用什麼來鞏固你的婚姻、你的愛情，守住你心中的聖殿？這是需要學習的，需要用心來思考的。

阿娟和老公結婚多年，沒有太多的風花雪月，可是生活的磨礪已經讓彼此成了對方不可或缺的另一半。身邊的朋友、同事也大多是已婚之人，但在如何愛自己的另一半問題上，阿娟與一些女性是有分歧的，當然，她自己也曾有過困惑。

有一次，在辦公室裡，阿娟打電話給老公，和他聊了一會，準備掛掉時，阿娟習慣性地對老公說了句：「你一定要好好吃飯，知道嗎？」

放下話筒，一個剛結了婚的女同事就笑阿娟：「哎呀，怎麼你和老公說話的口氣，像當媽的對孩子一樣，他又不是三歲小孩子，吃不吃飯自己還不知道？」阿娟有些愕然，難道不該心疼老公嗎？他做起事來是個男子漢，可是在生活裡有時就像個孩子，不知道照顧自己，經常吃泡麵，可是阿娟沒將這些話對同事說。

假日裡，和幾個朋友約好去商場買東西，阿娟挑了一大堆老公愛吃的食品，有個同事問她：「你怎麼買了這麼多吃的？吃得了嗎？」

阿娟隨口答道：「這裡面好多是我老公喜歡吃的。」

同事睜大了眼睛：「你還幫他買零食？」

阿娟很詫異：「這有什麼奇怪的？有時他幫我買，有時我幫他買。」

同事啞然失笑，說：「反正我從來沒幫我老公買過，他幫我買還差不多。」

這回輪到阿娟感覺好笑了：「誰幫誰買又有什麼不同呢？」

「當然不同，」同事理直氣壯地說，「女人就應該是被男人寵的嘛！」

這兩件事之後，阿娟對自己也懷疑起來：「自己這樣對老公是不是沒必要這樣呢？」看著辦公室裡其他結婚的同事，不知活得多輕鬆。之後的一段時間裡，阿娟便硬起了心腸，決定不再像以前那樣了：「他自己的事讓他自己去解決好了，他應該好好寵我才對。」

可是，這樣的日子沒過多久，阿娟自己就忍受不了那份牽掛了，看著老公有時靠泡麵填飽肚子；看著他笨手笨腳地洗衣服、收拾房間；看著他忙碌了一天之後還要為自己做飯、陪自己逛街……阿娟的心並沒有輕鬆下來，反而充滿了疼惜。

後來阿娟明白了：也許愛上一個人，就是願意為他做任何事，願意愛他、寵他、疼他、憐他，夫妻之間是互相的，而不是像公主病只享受對方的付出。

的確，阿娟最後悟出了婚姻生活的真諦。其實，在婚姻生活中，始終不存在誰虧欠誰，也正因為這樣，婚姻的天平才能永遠平衡下去。

而且，夫妻也只有對一個共同的家多奉獻智慧與精力，才能享受到幸福的婚姻生活。只有確立夫妻生活的正確準則，建立起一套與之相適應的家庭生活模式，並一絲不苟地去履行各自的職責，這樣，才能經得起風雨人生的考驗。

智慧錦囊：

如果把婚姻比作一所學堂，夫妻就是裡面的學生，他們應該在零碎的生活中學會互相關愛。生活是一門很深的學問，要多思考，才不會被擠出婚姻這所學校。夫妻間應多些交流、多些理解、多些包容，日子才能過得長長久久，要相信努力經營的婚姻是經得起風吹雨打，經得起考驗的。

別讓功欲、虛榮毀了親情

從踏進社會那一刻起，很多人都在堅持不懈地追求成功，甚至不惜以犧牲親情為代價。誠然，為了謀求社會的認可和展現個人價值，我們應該有一定的功名利祿的刺激和鼓舞。可是這種刺激和鼓舞是理性的、有限度的，不應該傷害到親情。

可惜的是，在過度物化崇拜的追逐中，當人們將功欲崇拜當做生活的唯一目標、當做衡量感情親疏的重要標竿、當做丈量人情冷暖的唯一座標、當做行為準則的絕對性取捨標準的時候，情感的天平就會傾向於功利，而情感、親情、熱忱和真善美等都受到了冷落。很多時候，只要親情和經濟發生碰撞時，物欲就成了「天」，親情就會成為可有可無；人們會奮不顧身維護經濟自尊，而不惜撕裂親情。

為了功欲虛榮，多少人墮落成為薄情寡義的利君子，成為不願奉獻親情的情感吝嗇者，更多人成為了物欲奴僕，難以超越世俗和欲望的束縛。

劉國榮是一個從偏遠農村出來的男孩，他知道，農村的孩子要想出人頭地，唯一的出路便是努力讀書，考上大學。所以，在上學的時候，他比其他的同學都用功。功夫不負有心人，他最終考上了大學。為了他的學費及生活費，田地裡的父母日出而作、日暮而歸，老父親的白內障因為沒錢治療而幾乎看不清楚東西。在大學裡，劉國榮也很用功地學習，大本畢業後又考上了研究生，最後又考上了博士。

優秀的男人當然有女生搶著要，高校副校長的千金就愛上了他，嬌媚的女孩讓劉國榮覺得生活很是滿足。再後來，副校長利用某些關係讓他有了一份很好的工作，年薪三十萬以上，並把女兒嫁給了他。經過多年的努力，光明的前景開始展現在他面前。

劉國榮覺得，現在是自己報答父母養育之恩的時候了。然而，事情的發展並沒有他想像中的那麼美好。自從妻子知道他的家在很窮的農村時，就看不起他了。結婚之前，妻子還跟他約法三章：不能說他來自農村，要說自己的父母是大學教的教授；不能跟農村的家人再有任何聯繫；不准家鄉的朋友來他們城裡的家。

看著眼前如花似錦的一切，劉國榮默然答應了。結婚的酒席上，來來往往的全是女方的親朋好友，他也有想哭的衝動。從此，他只敢偷偷地寄錢給老家的父母，但都不會超過兩百元。因為他怕家裡人以為他在城裡好了，來城裡投靠他。

直到兩年以後，劉國榮才告訴他的父母，他在城裡結婚了，而且還有了兒子。聽到這個消息，母親高興得失眠，連夜在昏暗的燈下為自己的小孫子一針一針地縫小衣服。不久，劉國榮就收到了母親寄來的包裹，包裹有二十多斤。當時，他的雙眼有些模糊了，他很難想像瘦小的母親是怎麼把包裹拿到遠處的郵局，又是怎麼寄過來的。然而，看到包裹的妻子很詫異，用兩根指頭捍著小衣服，直嚷嚷叫他扔出去，說有跳蚤。劉國榮看著妻子的嘴臉，很想打她，只是忍了很久，還是放棄了。最後，那包衣服的歸宿還是垃圾箱。

兒子滿一歲的那天，家裡來了很多人。兩百平方公尺的屋子裡人聲鼎沸。在劉國榮正忙裡忙外地招呼著時，社區的保安在對講機裡說有人找他。他以為是客人，便興沖沖地迎了出來，然而，在樓下等他的卻是年邁的父母。這是劉國榮離開農村的家很多年以後，第一次看見自己的父母。

當時，外面下著很大的雨，他的父親和母親互相攙扶著，兩個人的頭髮都在滴著水。劉國榮愣住了，待在門口不知所措。妻子看他半天沒進來，也出來看，當她看到是劉國榮的父母來了時，她的臉色一下子變了。劉國榮慌慌張張引著父母進門，在光潔的木地板上，父親緊張得都不知道該怎麼走路了，沾著泥的鞋一踩就吱吱作響。劉國榮只好把他們帶到廚房，然後跟一臉不解的賓客說他們是迷路的老人。

回到客廳，妻子把劉國榮叫到一邊，用幾乎是訓斥的語氣叫他趕快把人帶走。因為他無法對滿屋的老闆、教授這些有頭有臉的人解釋那是他的雙親。無奈之下，他只好安排父母在在附近的旅館暫住。

在賓館裡住了兩週的雙親終於明白了，兒子不可能把他們迎進那扇該進的家門。至於兒媳婦，自那天匆匆見過一面後就沒再露過臉。由於上火，父親的眼睛完全失明了，大醫院的醫生說是耽誤了治療的時間，如果早幾年就治療的話一定不會失明的。看著父親那雙完全渾濁的眼睛，劉國榮覺得自己簡直不是人。母親看著父親的雙眸，說：「唉，我們住不慣這裡，我們回家。」

兩個月以後，劉國榮終於以一次出差的名義回了老家。鄰里鄉親都來看這個窮鄉裡出的大人物。從鄉親們的言談裡，他才知道，那次父母進城是把田地送給了別人種，把豬賣了，完完全全的是想去他那裡安度晚年。父母回到農村還對他們說，兒子對他們很好，不要他們走，但是他們住不習慣，想老家的人。

在老家簡陋的廚房裡，老父親摸摸索索地做飯，手上有許多未癒的傷口；七十多歲的母親還在田地為口糧而苦苦掙扎，做一會工作就得直起身來捶捶自己的腰。臨走的時候，劉國榮給了父親十萬元，並要父親仔細放好，以後有困難的時候就拿出來應急。他知道，自己作為兒子的身分已完全死亡。

由於內心充斥著「拜金」，一些人過度追求已成為時尚，就像例子中的劉國榮一樣，在利益的誘惑下迷失了自己。這種「拜金毒藥」，加重了社會上人們的浮躁情緒，助長了社會交際的投機動機，扼殺了健康純淨的性情追求，拋卻了交際的厚道原則，讓道德發展的道路走向冷淡無情。所以，只要是人與人之間發生了矛盾，哪怕是親人之間，也會被利益的「火」弄成「霹靂火」，造成很大的親情大扭曲，乃至性命損失。

法蘭茲．卡夫卡（Franz Kafka）的小說《變形記》（The Metamorphoses）的主人公格里高爾．薩姆莎（Gregor Samsa），變成了「巨大的甲蟲」後，還積極地替父母還債，家人雖然驚慌，仍沒有拒絕他。可後來，格里高爾成為家庭的累贅，家人對他的態度就發生了巨變，妹妹終於發出了「把他弄走」的呼聲。最後絕望的、又病又餓的格里高爾「他的頭就自己垂倒在地板上，他的鼻孔呼出了最後一絲氣息」。殺死格里高爾的不是疾病加重，不是身體變形，而是無處不在的「利益敲詐」、「冷漠利劍」和「情感匕首」。這種殺人武器被溫情脈脈的血緣關係蒙蔽著，更應引起人們的警惕！

智慧錦囊：

要化解「功欲毒藥」，就要消除「物化崇拜」。沒有了親情，任何物質也就失去了依附的意義，和諧的氛圍更是無法營造。然而，要營造和諧的氛圍更應注重傳統道德與內在的精神和諧。正像季羨林老人提到的，「要有良知和良能」「知是認識，能是本領，良知是基礎，良能是保障，兩者缺一不可。知行合一，天人合一，方能和諧」。

第八章　做人智慧：朋友多了路好走

無論我們從事什麼職業，最重要的是要懂得如何處理好人與人之間的關係。也就是我們常說的先做人，後做事。這也是任何一個人生存的立身之本。古代儒家經典《大學》裡說：「物有本末，事有終始，知所先後，則近道矣。」意在說明：做人是根本，德行是根本，好好做人才是第一要務。

「才德全盡謂之聖人，才德兼亡謂之愚人，德勝才謂之君子，才勝德謂之小人。」並不是說那些成功者在做好了事業之後才修身，而是因為正是他們都有了先修身的經歷，才把自己的事業做穩做大。

不懂做人，就會到處樹敵

多個朋友多條路，多個敵人多道牆！道理人人都懂，但到具體做時卻完全是另外一回事了。有的人朋友遍天下，有的人卻不由自主地到處樹敵。這是什麼原因呢？

・容易樹敵的原因

和朋友一樣，敵人也不是憑空冒出來的。下面是幾種容易樹敵的情況，只要你能巧妙地避免，相信你很快就會把人際關係做好。

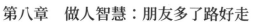

惡意的流言和誹謗

西方有一條古老的格言：「如果不能說他人好，就保持沉默。」令人費解的是，為什麼有人如此熱衷於誹謗他人？究其原因，無非是當一個人遇到麻煩時，其他人慶幸麻煩沒有落到自己頭上，便忍不住談論此事。遺憾的是，他們添油加醋，扭曲事實終至誹謗和蜚短流長。下面這個故事，就是一個最好的說明：

「幾年前我們最小的兒子來看我們，他生了病。」諾曼說，「他病得很厲害，呈半昏迷狀態被抬進醫院急救室，嚴重脫水，神智不清。三天都是特護。最後經過每天的化驗、會診等，被診斷為嚴重的糖尿病。

「當時我兒子留著長髮，儘管我不喜歡他這種髮型，我卻沒說什麼。那畢竟是他的頭髮，不是我的。可是有個饒舌的女鄰居，認為凡是留長頭髮的年輕人都是嬉皮或癮君子，就在鄰里間散布我兒子是吸毒上癮，因吸食毒品過量才送往醫院！後來，她從我妻子處得知是糖尿病後，又到處警告大家不要提起她說過的話。

「但是我的一個親近的老朋友告訴了我一切：『不要把那種女人當知心人，諾曼』，他對我說，『她不可交。』

「我沒有報復，但不用說，我們的友誼降到那種見面只點頭之交的程度上。後來我得知這夫妻倆以前已搬了三次家，都是因為傳話造謠破壞了鄰里關係。不知道他們還能住多久又得搬家。」

所以，不要在閒聊中惡意毀謗他人，那樣不僅會讓你失去朋友，而且還會人為地樹敵。

批評不當

不是每個人都能接受他人的批評的，有時，批評不當也會為自己樹立敵人。

幾年前，比特出席負責從店家籌錢幫窮人過耶誕節的商會會議。

吉恩．巴克斯特在多數情況下都與他同去，他們感覺兩個人籌款比一個人要容易。有位強脾氣大聲抱怨掏錢之事。「我不信什麼慈善事業，」他說，「沒有誰給過我什麼。《聖經》上說上帝幫助自助者！」

「我同意你的說法，」比特說，「但我們要求的並不多。另外，我們要幫助的是孩子們。他們畢竟還不到你說的自主年齡呀！」

比特他們拿到支票離開時，吉恩說：「比特，我從來沒聽說過《聖經》那句引語，你聽說過嗎？」

「不，吉恩，我沒聽說過，」比特說，「因為那句話根本不是出自《聖經》。但是如果我們告訴他錯了，我們就拿不到他的支票了，是嗎？」

有時候，儘管錯在對方，但是你倘若採取了不當的責罵方法直接指責出他的錯誤，不但毫無意義，而且還有可能因為你不當的責罵破壞了彼此之間的關係。這樣，很可能你在不知不覺中就為自己樹了敵。

嘲笑別人

你嘲笑別人，就等於說別人的某些方面不如你。這樣，你就會為自己樹敵。

有的人也許很大度，他幾乎可能容忍任何侮辱、失敗或傷害。即使你搶了他的工作、他的錢，他也可能在一定限度內容忍這些，仍像文明人一樣對待你。但是，假如你愚弄他、輕視他、嘲笑他，或是把他當傻瓜，特別是在他人面前你這樣對他，那麼他的仇恨足以殺死你。

除非迫不得已，否則千萬不要隨便嘲笑他人。因為這樣做足以摧毀對方的自我，破壞對方的自豪感和價值感，甚至造成對方心理殘疾。

最快的樹敵做法——損人利己

部門經理艾倫去休暑假，由下屬厄爾臨時代管該部門。有一天，老闆要看他讓艾倫準備的一些材料。厄爾認為這可是給老闆留個好印象的好機會，還要告訴他艾倫實際上是多麼靠不住。「艾倫以為，他休假回來後您才要這些材料，所以他還沒準備。」厄爾告訴老闆，「但我很高興為您準備這些材料，今天下午我幫您送一份報告過來。」

藉著這個機會，厄爾認為足以貶低艾倫，提高自己的威信。不料，艾倫回來後，即被老闆叫去，並告訴他這件事。「我想我們最好提防厄爾，」老闆說，「我認為他不可信賴，他大概只能做到現在的職務，我們甚至該考慮讓他離職了。」

假如厄爾採用正確的策略，就不會給自己惹禍了。他當時只需這樣說：「艾倫去休假前還在為您搜集材料。他一直忙到最後一刻，最後不得不把剩下的工作交給我做。他還交代您要的時候一定要我把報告替您準備好。現在，我再做些最後的修改，今天下午就可以幫您送來。」

這樣一來，無論艾倫還是老闆，都會對厄爾刮目相看的。

以上幾點是我們在生活中常常忽略的，也是最容易樹立敵人的原因。注意以上幾點並加以改進，你就離成功人士不遠了。

‧積極化敵為友

假如你想化敵為友，就要主動去化解矛盾，否則不會有任何進展。

從前，在蘇伯比亞小鎮有兩個鄰居，分別叫喬治和吉姆。他們的關係很糟糕，雖然誰也記不清楚到底是為什麼，但就是彼此不睦。他們只知道不喜歡對方，這個原因就足夠了，所以兩人時有口角發生。在後院除草時，儘管他們的除草機經常碰到一起，但多數情況下雙方連招呼也不打。

有一年夏天，喬治和妻子外出度假。一開始，吉姆和妻子並未注意到他們出遠門了。也是，他們注意這做什麼？除了發生口角之外，他們彼此間很少說話。

但是一天傍晚，吉姆在自家院子除過草後，注意到喬治家的草已很高了。特別是自家草坪剛剛除過草，對比之下，喬治家的長草坪特別顯眼。從這幾天的觀察來看，喬治和妻子顯然不在家，而且已離開很久了。

吉姆想，這等於公開邀請夜盜入戶，這想法像閃電一樣攫住了他。吉姆說：「我又一次看看那高高的草坪，心裡真不願去幫我不喜歡的人。儘管我想從腦子裡抹去這種想法，但去幫忙的想法卻揮之不去。第二天早晨我就把那塊長草坪整理好了！

「半個月之後，喬治和妻子回來了。他們回來不久，我就看見喬治在街上走來走去。他在整個街區每間房子前都停留過。最後他敲了我家的門，我開門時，他站在那正盯著我，臉上露出奇怪和不解的表情。

「過了很久，他才說話：『吉姆，你幫我除草了？』這是他很久以來第一次叫我吉姆。然後，他接著說：『我問了所有的人，他們都沒除草。傑克說是你做的，是真的嗎？是你除草的嗎？』他的語氣幾乎帶著責備。

「『是的，喬治，是我除草的。』我說，但說這句話時，我幾乎用挑戰的眼光望著他，因為我等著他為了我除他的草而大發雷霆。

「他猶豫了片刻，像是在考慮要說什麼。最後，他用低得幾乎聽不見的聲音說了聲『謝謝』之後，轉身馬上走開了。」

喬治和吉姆之間就這樣打破了沉默。雖然，他們還沒發展到在一起打高爾夫球或保齡球的程度，他們的妻子也沒有為了互相借點糖或是閒聊而頻繁地走動。但他們的關係卻在逐步改善。至少除草機開過的時候他們相互間有了笑容，有時甚至會說一聲「你好」。

在任何時候，有一顆化敵為友的心，你就終會有所收穫的。無論人與人之間的隔閡有多深，但每個人的心都有其易感動的一面。即使你們之間的仇恨像堅冰一樣不可摧，只要你有挽回的心，那麼你的溫暖定會將堅冰融化！

智慧錦囊：

任何一個人都不能脫離社會而存在，然而，你要想在這個社會中生存，就要處理好與他人的關係。當然，這就是考驗一個人會不會做人的功課了。是選擇多一個友人與己為伴，還是到處樹敵，自己形單影隻、孤苦零零，這都在於自己的選擇。

多一個朋友多一條路

人的一生要有很長的路要走，當我們孤獨寂寞時，需要跟朋友互相交流，需要互相攙扶結伴而行。因此，我們需要與人交往，需要友情。

多一個朋友多一條路

朋友有時候會助你一臂之力，為你帶來實實在在的好處。

俗語說得好：「天上下雨地下滑，自己跌倒自己爬，親戚朋友拉一把，酒還酒來茶還茶。」人情之道盡在其中。當然，友情是無須償還的奉獻，而人情卻是債，是你給予我半斤我必須還八兩的往來帳，即使當時不能兌現，那終就是要還的。

如今，朋友的含義早已變得寬泛，每個人的朋友都是以圈劃定：如同學圈、好友圈、生意圈等。朋友有期：有的可終生交往，有的則是階段性的；朋友有別：逆耳相言的畏友（諍友），貼心落意的密友，聲色犬馬的緬友，互用互防的賊友，都可以存在。因此，朋友不僅是書，還是衣裝，是餐飯，是四季……都能在各方面給你幫助。

於是，有了朋友，你的食衣住行都能得到實惠。

．朋友就像你在各個時期、不同場合要穿著不同的衣裝——有的朋友似婚紗，只有短暫地接觸卻得以最高的輝煌；有的朋友似西裝，只能體面地與你同享風光，卻不能與你完成日常的瑣碎，倘若穿著西裝去下廚不僅會毀了衣服，而且也會因袖窄腰瘦而事倍功半；有的朋友似便裝，雖不能與你共入大雅之堂，卻可以在日常生活中給你很多實實在在的幫助。

．朋友又像你餐桌上的飯菜——餐飯有家常飯、有聚餐、有宴會。友有三千六，各有用不同。朋友有實用朋友、精神朋友和心靈朋友。有的可以同享快樂，有的可以共渡難關。家常飯是日常朋友，聚餐是精神朋友，宴會是高境界朋友。餐飯品的是味道，人也有味，無論男人還是女人。大葷大菜看上去好，卻不是每個人都能消受得了的。肥油爛肉，有的人看了就膩飽無欲，有的人卻非此不能過癮；粗茶淡飯，有的人難以下嚥，有的人卻吃得津津有味。

・朋友是路——朋友是路，這條路不僅路邊的四季風光讓你耳目一新，而且還會腳踏實地地幫你解決問題。見多識廣、手眼通天的是大路。這樣的朋友能幫你分析事理拿定方向，為你疏通打點，讓你的生活如期安排。老實厚道、能量不大的是小路。這條小路幽靜安謐，不會給你曠遠通達的敞亮，卻會讓你放鬆安歇。這樣的朋友在人生之旅中能幫忙你，在你危急之時，解你燃眉之急。

・朋友是四季——性格亮麗陽光的，能給你打開一扇春季的窗口；性情熱烈奔放的，能引你融入夏季的繽紛；脾氣沉穩篤實的，能讓你領略秋季的實在；骨子裡就冷峻堅毅的，能帶你一覽冬季的剛強。

把朋友如此比喻似乎褻瀆了「朋友」二字，但事實就是如此，誰也不必忌諱。親戚有遠近，朋友有厚薄。嚴格講，朋友應是雙方不以功利為目的而偏重情感需求的自然接納，類似鍾子期、俞伯牙那樣的一曲絕天下的形式，而那種帶有功利意思的密切交往只能叫夥伴……

朋友是財富，他們帶給你的幫助足以讓你受用一生。那麼，我們怎樣才能獲得朋友的認可與幫助呢？

．不要坑害朋友——朋友是最容易被坑害的，他們會因為信任你而對你放鬆警惕，所以你要坑害他，很容易設下圈套。但他們只會受騙一次，而你失去的則是摯友。你還會因此失去圈子裡的名聲和信念。這，就叫得不償失。

．對朋友要寬容——就是要記住別人對你的幫助，忘記別人對你的傷害。

有這樣一個故事：

有一次，劉關張三人一起去販賣草蓆。三人經過一處山谷時，劉備一失足滑了下去，幸而關雲長拚命拉住他，才將他救起，劉備於是跑到高處，在一塊大石頭上用寶劍刻下這樣一行字：「某年某月某日雲長救玄德一命。」

三人邊走邊賣草蓆，就來到一處河邊，張飛跟劉備為了一個銅板吵了起來，張飛一氣之下打了劉備一耳光。劉備就跑到沙灘上寫下：「某年某月某日翼德打了玄德一耳光。」

後來曹操聽說了這件事，就在煮酒論英雄的時候問劉備，為什麼要把關羽救他的事刻在石頭上，將張飛打他的事寫在沙灘上？劉備回答說：「我永遠感激關羽救我，至於張飛打我的事，寫沙灘上，很快會被海浪沖刷得一乾二淨。」

曹操哈哈大笑：「今天下英雄，唯使君與操耳。」

這個故事雖古老，但是它蘊涵的韻味卻經久不衰，令人回味無窮。

．要加強溝通——溝通是一種容易被人忽視的能力。可能你具備了很強的能力，但千萬不要恃才傲物，把朋友、同事、同行都看扁了。要知道，別人的認可與幫助，有時能改變你的命運，給你帶來意想不到的財富。

另外需要注意的是：許下承諾並信守承諾，能使你贏得對他人的影響力，以及圈子裡人的信任，切莫做出無法達成的承諾。

智慧錦囊：

友情也好，人情也罷，都是因需要而存在。有道是「多一個朋友多一條路」，多結交一些朋友，多賺取一些人情，對你的人生總沒有壞處。所以說，做人最重要的是要廣結人緣。

友誼要用一顆真心去換取

人之相識，貴在相知；人之相知，貴在知心。

《菜根譚》曰：「遇欺詐的人，以誠心感動之；遇暴戾的人，以和氣薰蒸之；遇傾邪私曲的人，以名義氣節激勵之。天下無不入我陶冶中矣。」意思是說，做事如遇欺騙敲詐的人，要用誠心去感動他；遇到粗暴蠻橫之人，要用和氣去薰陶感染他；遇到狹邪不正的人，要用名義氣節去激發鼓勵他。如能做到這幾點，那麼，天下之人就都會受到道德感化。

與朋友相處，總是失信於人，終不會長久。良好的信譽是一個人或一個企業巨大的無形資產，累積得越多，收穫也會越多。

世間之人，無論或富或貴，或貧或賤，只要能以誠相待，即使再粗暴的人也會受到感化的。也只有以真誠待人，我們才會取得回報。

善良是人之本性，真誠乃為人之根本。如果脫離真誠，就根本談不上什麼為人之道。有的人雖然滿嘴是仁義道德，表面上與朋友稱兄道弟，而在背後卻對朋友虛晃一槍，這樣的朋友只能算得上是狐朋狗友。

用一顆真誠的心去對待朋友，這樣才能朋友滿天下。

古今歷史上，有許多名流之士，都是因誠信而發跡的。

東漢時，汝南郡的張劭和山陽郡的范式同在京城洛陽讀書。學業結束，他們分別的時候，張劭站在路口，望著天空的大雁說：「今日一別，不知何年才能見面？」說著，流下淚來。范式拉著張劭的手，勸解著：「兄弟，不要傷悲。兩年後的秋天，我一定趕到汝南郡去你家拜望老人，和你聚會。」

落葉蕭蕭，籬菊怒放。這正是兩年後的秋天，張劭突然聽見天空中一聲雁叫，這牽動了他的情思，他不由得自言自語地說：「他快來了。」說完連忙跑回屋裡，對母親說：「媽媽，剛才我聽見天空中雁叫，范式快來了，我們準備準備吧！」

「傻孩子，山陽郡離這裡一千多里路，又沒有什麼重要的事，范式怎會來呢？」母親不相信，搖頭嘆息，「一千多里路啊！」

張劭說：「范式為人正直、誠懇、極守信用，不會不來。」

於是，老媽媽只好說：「好，好，他會來，我去備點酒。」其實，老人只是嘴上說說而已，只是怕兒子傷心，寬慰寬慰兒子而已。

約定的日期到了，范式果然風塵僕僕地趕來了。舊友重逢，親熱異常。老媽媽激動地站在一旁直抹眼淚，並感嘆地說：「天下真有這麼講信用的朋友！」

范式重信守諾的故事一直被後人傳為佳話。

友誼要用一顆真心去換取

對朋友要真心、要交心。真心和交心都是一種感情投資。要讓朋友看到你或者談到你時有一種發自內心的快樂之感；在朋友受到挫折時，想起你就會產生信心和希望，甚至於你的到來會減輕或者使他們忘卻煩惱，或者能使他們找到一種新的動力。這才是感情投資的得益之功效。

有人說過：「友誼是兩顆心真誠地相待，而不是一顆心對另一顆心的敲打。」友誼是心與心之間的相互溝通與交流，它容不得半點虛情假意。真正的友誼是冬天裡的一把火，能在寒冷的冬天給你送來一份溫暖；友誼是茫茫大海裡的燈塔，在你迷失方向時，帶你走出黑暗；友誼是人生美好的無價之寶，能讓你的生活變得更充實、更美好。

友誼要用愛來播種，用感謝來收穫。真誠地對待你的朋友，理解他們、支持他們，用你的愛心去灌溉友誼，用真誠的心去收穫結果吧！

智慧錦囊：

朋友之間要經常聯繫、溝通。若想讓友誼之樹常青，就需要雙方的澆灌與呵護。還要記得經常和朋友聚聚，不要讓友情之酒變得平淡無味。友誼需要用心去培養，用心培養出的友誼會更濃、更長久。珍惜它，友情之水就不會放涼了。

處理好自己的人際關係網

沙之聚，靠風；人心之聚，需靠關係。

做人難，難就難在對人際關係的處理上。一方面你要從複雜而多變的社會中，找出你的立身之道；另一方面，你還需建立起良好的人際關係。能立身，又能處理好人際關係，這才算是成功的人生。

當今社會，僅僅靠個人的力量是難以立足的，於是，便出現了各種大大小小的團體。在這些團體中，每個人都以自己為中心，建立起了良好的人際關係網，他們依靠彼此的力量，更容易獲得成功。由此可見，建立良好的人際關係是一個人步入成功的起點。

曾任美國總統的西奧多．羅斯福（Franklin Delano Roosevelt）曾說：「成功的第一要素是懂得如何做好人際關係。」的確如此，在美國，曾有人向兩千多位雇主做過這樣一個問卷調查：查閱貴公司最近解僱的三名員工的資料，然後回答：解僱的理由是什麼。結果，無論在什麼地區、什麼行業的雇主，其中三分之二的答覆都是：「他們是因為不會與別人相處而被解僱的。」無怪乎美國石油大王約翰．戴維森．洛克菲勒（John Davison Rockefeller）說：「我願意付出最高代價來獲取與人相處的本領。」所以，你

處理好自己的人際關係網

要想成功，就一定要營造一個適於成功的人際關係網。

人際關係還是維持身心健康的重要保證。透過交往，我們可以獲得友誼、支持、理解，得到內心的慰藉，提高自信和自尊，增強自我價值感和力量感；有助於降低挫折感，緩解內心的衝突與苦悶，宣洩憤怒、壓抑與痛苦，減少孤獨感、失落感。

有人說：「人際關係與人力技能才是真正的第一生產力。」因為人的生命永遠不孤立，我們和所有的東西都會發生關係，而生命中最主要的，就是這種人際關係。這個世界上有能力的人很多，然而真正取得成功的人卻很少。一個很重要的原因就是他們在人際關係方面有所欠缺。

人際關係是人與人之間的資訊與情感的傳遞過程。不論是組織還是個人，都有一種對和諧的人際關係與良好的人力技能環境的需求。現今二十一世紀，人際關係與人力技能的重要性更是不言而喻了。

根據權威學者的統計分析，百分之八十的人工作失敗的原因，不是因為他們的專業技術、能力或工作動機不夠，而是由於他們人際關係處理和人力技能上的失敗。由此可見，人際關係對一個人的成功，具有非常重要的作用。人際關係，從某種意義上說，更反映了一個人的能力、素養、人格和品德。

《富爸爸，窮爸爸》的作者羅伯特．清崎（Robert Kiyosaki）曾說過：「我富有的父親說：如果你想做一名成功的生意人，人際關係是你最重要的技巧。他還說：如果你想在生意中成功，你應該不懈地學習和提高自己的人際關係技巧。」可見，人際關係是每個人職業生涯中最為重要的課題，良好的人際關係是舒心工作與安心生活的必要條件，對於經理來講，處理好人際關係的能力就更加重要了。面對日趨激烈的市場競爭和人才競爭，每個人的自我意識都比較強，面對這個社會錯綜複雜的大環境，更應在人際關係方面調整好自己的座標。

那麼，既然人際關係如此重要，我們該怎樣建立好它呢？

首先，學會以誠待人，建立好人緣。有一種最為簡單、也最容易贏得別人尊敬的處事方式，那就是以誠待人；有一種看上去很聰明其實很糊塗很愚蠢的處事方式，那便是耍小聰明。朋友之間能力大小不同，各人的財富多少也不一樣，這是正常的，可是有的人對朋友耍小聰明，是極不尊重朋友的一種表現。其實朋友之間有要求可以直接談，玩小聰明，利用朋友之間的友誼，那麼被你親手葬送的也是你們的友誼。

人緣就像一根無形的電線，彼此的人情，全賴這根線才得以相通。也就是說，通情的關鍵在於人緣。你只要主動地接上這根線，別人的情，自然就會向你流來。人緣不是

處理好自己的人際關係網

生來就有的，需要主動去建立。只有建立了大眾對你的人緣，人人願意被你所用，你才能成為無人而不得、所求無不遂的交際高手。

其次，你要學會了解別人，然後找出有效的辦法來與之建立關係。你要注意對方，並對對方表示出友好的誠意。在潛意識中，人們只會注意那些自己覺得重要的東西。因此，要想讓別人感到被重視，你首先要去了解對方。只有心靈的相通，才能使對方感受到自己的重要性，並表現出友好。

此外，你要從每個人最不相同的性情上，找出你的交往之道，建立大眾對你的人緣，使社會上凡與你交往的人都願意幫助你。

而建立人際關係，更需要因人而異。也許你能和甲建立友好關係，卻未必能和乙結交；能結交乙，卻未必能結交丙。如果你空有與人交際的方法，卻不明白對方是何許人，方法與人不合，當然無法和對方溝通，更無法建立穩固的交情。

再次，不要對別人擺架子。有的人也許會說，我確實很重視他，對他極為關心，但就是怎麼也得不到回報！那可能只有一種解釋，你是在俯視別人。這種居高臨下的關心，只會讓人反感。記住，不要對別人擺架子。尊重別人，別人自然不會排斥你。同時還要注意，不要貶低別人而誇大自己。小孩子們喜歡說：「我爸爸比你爸爸強，官大，賺的錢多……」如果只知道拿自己的長處和別人的短處作比較，那不是跟互相比較的小孩子一樣幼稚嗎？

最後，一定要親身去實踐。臨淵羨魚，魚是永遠不會到手的；不先跳到水裡去游泳，你也永遠學不會游泳。你要明白，懂得方法固然重要，不去實踐也是紙上談兵。同一方法，因為用的人不同，其成效各有差別。正所謂「戲法人人會變，各有巧妙不同」。倘若你只知處世之道，而不善於控制人情，則立身已遭困難，成功就更渺茫了。所以要講處世，必須兼講人情的控制。

智慧錦囊：

現代人的生活是繁忙、緊張的，相對接觸的人也多。要想和他人建立良好的關係就一定要遵照以上這些準則去做。作為一個現代人，必須把世故與人情，都揣摩得透徹，所謂「事事洞明皆學問，人情練達即文章」，其中的旨趣值得好好領悟。

投資自己的「人際帳戶」

在現代社會中，人際關係比任何東西都重要！良好的人際關係是我們事業成功和生活幸福的源泉。只要擁有豐富有效的人際關係，我們生活在這個世界上就會如魚得水。

如今，全球網路極速發展，資訊技術日新月異，整個世界都已經縮小成了一個脈絡豐富的地球村。人與人之間的聯繫也更加密切，我們的學習、工作、生活、娛樂都緊密地與他人聯繫起來了。事實也證明，人際帳戶儲存得越多，你的事業就會越發達。有人買你的帳，壞事也能辦成好事；沒人買你的帳，好事也會辦成壞事。

人脈是金，有時候，甚至比黃金還珍貴；因為黃金雖貴，畢竟有價，而人脈卻是無價的。它是一座無窮的寶藏，是人生最重要的資本。

從這個意義上說，人與人之間的交往更像銀行和儲戶的關係。我們每個人都是一家銀行，同時也是其他銀行的儲戶，存在銀行裡的絕對是硬通貨——人情。有了它，舉手之間，你就可以換來大把的金錢和機會。否則，如果你的「銀行」空空如也，就算你再有能力，恐怕也難成大事。

事實證明，一個人的成功因素，百分之十五歸因於他的專業知識，而百分之八十五卻要歸因於人際關係！要想成就大業，除了要有一定的業務知識外，最為關鍵的還是要在自己的「人際銀行」中儲備大量的「資本」。

不過，千萬不要用過於勢利的短淺眼光來經營人脈，別人現在富貴，出金入銀，就一副小人嘴臉伺候著，別人現在是個潦倒的小人物就忽視、輕視、鄙視之。

被後人看做「商聖」的胡雪巖，是善於投資自己的「人際帳戶」的高手。

有一次，胡雪巖在街上結識了一位落魄文人王有齡。王有齡是官宦世家，但到他父親時，家道中落。為替祖上「爭氣」，王家變賣了所有家當，為王有齡捐了個「鹽大使」的虛銜。王有齡是個有知識、遇事有見地的人，言談高雅，出口成章。胡雪巖覺得他是個人才，王有齡也佩服胡雪巖的機靈幹練。不久，兩人便以兄弟相稱。

為了讓王有齡盡快得到官方的重用，胡雪巖將一筆他討回的「死帳」——五百兩銀子，交給王有齡，對他說：「我看你不是個平庸之輩，祝你早日入仕，不愁沒有歸還之日。」

王有齡憑著這筆錢，「啟動」了一個個「關節」，很快就被安排在浙江省海運局當「坐辦」——此官不大，但年收入較高。他聽信胡雪巖的話將掙來的錢再投入到「打通關節」上，不久又被安排做「湖州知府」。

王有齡出於對胡雪巖的感激，將他在工作中涉及的所有錢糧之事，一律交給胡雪巖承辦。胡雪巖也因此為錢莊老闆掙了不少好處。

投資自己的「人際帳戶」

胡雪巖到錢莊工作的第八年，錢莊老闆突然去世。老闆因為沒有兒子，臨終時留下「遺囑」，將錢莊所有財產贈與胡雪巖。一夜之間，胡雪巖變成了「老闆」。有了錢莊，又有了官場上的支持，胡雪巖的生意越做越順，越做越大。

你看，早年的胡雪巖，正是在王有齡這個「銀行」裡存進了一大筆人情，所以才有後來的背靠大樹、飛黃騰達。由此可見，進行「人際銀行」的存儲是何等重要。

現在，請你認真盤點一下，自己的「人際帳戶」還是赤字嗎？如果是，就要想辦法增加存款了。如果餘額很多，也要謹慎使用，以防透支。

「人際銀行」的存款方式多種多樣，除了幫助別人、溝通感情、同甘共苦、彼此依靠以外，一朵鮮花，一句問候，一份牽掛也可以使自己的銀行帳戶增值。

同樣，取款的方式也有很多，除了普通的報答之外，尖酸刻薄、損人利己、自私自利，甚至一句謾罵、一次傷害、一次欺騙也能使存款的數量大減。

智慧錦囊：

經營人際關係如同經營銀行，要想運作良好，必須要具備兩種素養。換句話說，就是要對壞人精明，對好人厚道，否則偏向任何一個極端，都會走向破產。同時，「儲戶」也要留意在其他「銀行」裡的帳戶，發現透支要及時補救，以備不時之需。

「零存整付」的人際關係投資策略

冰凍三尺，非一日之寒，人和人之間的感情絕不是一天建立起來的，無論這種感情是愛還是恨。因此，在交際場合結交朋友，一定要明白這個道理。也就是說，進行感情投資絕對不可能一蹴而就，需要講求「零存整付」的策略。

「零存整付」本來是銀行裡存錢的一種策略，也許每次存的數額並不多，但貴在日積月累、積少成多。時間長了，你銀行裡的存款數目自然會非常可觀。這時候，你再把它取出來，就不再是小錢了，而是實實在在的「鉅資」。人際關係的投資策略也跟「零存整付」有著異曲同工之處。

感情投資也是這樣，需要進行點點滴滴的累積。友誼與關愛，應該展現於生活中每一個平常的日子。很多時候，「路遙知馬力，日久見人心」這句話並不無道理，尤其是在日常瑣事上，可以看出你對朋友的態度是友善還是冷漠。

羅斯福是深受美國人民愛戴的總統，他之所以獲得了驚人的聲譽，是因為他能夠真誠地對待每一個人，無論他是一名議員還是一名僕人。

他的貼身男僕安德烈曾向人們講述了一個故事：

有一天，安德烈的妻子問羅斯福總統野鴨是什麼樣子，因為她一生都沒離開過華盛頓，她沒機會到野外去看野禽。羅斯福總統耐心地向她描述野鴨的模樣和習性。安德烈和他的妻子住在一棟小房子裡，離羅斯福總統的住處很近。

第二天，安德烈房裡的電話響了，電話那頭傳來了羅斯福總統的聲音，他告訴安德烈的妻子，他們房子外面的大片草地上就有一隻野鴨。

安德烈的妻子推開窗戶，看見了對面房屋窗戶裡羅斯福微笑的臉龐。

像這樣的人，誰會不熱愛他呢？即使他不是總統。

還有一次，老羅斯福拜訪了白宮，他沒有去客廳，也沒有去接待室，而是去了廚房。

一路上，他友好地向每個人打招呼：「嗨，陶瑞思，最近很忙是嗎？」「傑克，胃口還好嗎？我想你是離不開酒瓶了，什麼時候我們喝一杯？」

就這樣，他跟每個人都打了招呼，就像多年不見的老朋友一樣。

後來，在白宮服務了三十年的廚師史密斯含著熱淚說：「羅斯福總統是那麼熱情，那麼關心人，這怎能不讓我們感動呢？」

生活是非常瑣碎的，大事不多，小事不少，你想從小事上展現對他人的關懷，隨時可以如願。由於小事不易記住，你在一些不經意的小事上展示你的誠意，別人在意外之餘，會有一種真心的感動。

反過來說，一個人如果從來不對別人感興趣，也從不關心別人，那麼他的一生必然困難重重，他對別人的傷害也最大。可以說，所有人類的失敗，都出於這種人。

生活中存在的很多問題，就是因為一方不把另一方放在心上或者雙方互相不把對方放在心上而引起的。於是，種種仇視和敵意，也因此而生，並帶來數不清的麻煩。

一個有錢人對愛因斯坦抱怨：「誰都不喜歡我，他們說我太自私小氣。可是我的遺囑上已經寫好，要把我所有的財產捐給一家慈善機構。」

愛因斯坦笑著說：這樣吧，我講一個故事。這個故事是這樣的：

一頭豬走到牛那裡，對牛抱怨：「別人總是說你很友善，這點倒也沒錯，因為你給他們牛奶。可是他們從我身上帶走的東西更多啊，他們得到的香腸、火腿、肉不都是我的嗎？連我的豬腳都拿去燉了！可是，誰都不喜歡我，對人來說，我就是一隻讓人討厭的豬！怎麼會這樣呢？」

牛想了一會，說：「可能是因為我在活著的時候就幫助了他們。」

這個寓言故事用意很清楚，要在平時多給別人幫助。進行感情投資，不僅要在當別人有困難的時候，才伸手援助；平時心裡也要始終裝著他人的冷暖。尤其不能在一些日常小事上得罪他人。總之，你對別人多一分關心，多一分敬重，自然會建立起良好的人際關係。

智慧錦囊：

人們常說：「滴水之恩，當湧泉相報。」其中的「滴水之恩」指的就是日常生活中的小事，你在小事上幫助了他人，那麼他人必然將你的幫助「存儲」起來，而要報答你。這種人際關係的投資就是「零存整付」的妙用吧！

注重「感情投資」必然受益無窮

在建立、維護人際關係的諸多方法中，感情投資是最廉價，卻是最有效的一種。當然，感情投資也需要金錢和物質利益的支持，但這並不是最主要的。有道是「禮輕情意重」，在這種「投資」中，金錢和物質只是一種載體，關鍵還是要投入你的感情。

在人際社交中，投入感情是必不可少的，感情是相互間建立良好關係的潤滑劑。聰明人進行人際社交，都十分注重感情投資，這種方法也許不能立竿見影，但如果將相互信賴的人際關係建立起來，對事業發展就會有著不可估量的價值。

比如在一個團體中，作為領導者，要想讓下屬理解你、尊重你，進而支持你，你必須首先得關心、愛護他們，這就是感情投資。彼此有了感情，下屬與主管之間就會心心相印，工作起來自然會配合得默契。反之，如果一位主管平時不注意感情投資，只是在需要下屬為他賣命時才討好他們，那就大錯特錯了。

因此，進行感情投資，一定要注意以下幾點：

・不要只做表面文章

你一定要記住，感情投資不是做樣子，應該真正去付諸行動，做到以心換心，而不能只做表面文章。和人交往不要只有三分鐘熱度，有的人在與他人交往時，一開始熱情似火，時間長了便冷淡下來，這就顯得很虛偽。同時，感情投資也不能說說就算了，要在實際上行動。

一九七〇年代初，石油危機波及香港。香港的塑膠原料全部依賴進口，香港的進口商趁機壟斷價格，將價格炒到廠商難以接受的高位。不少廠商因此被迫停產，瀕臨倒閉。

在這個關涉許多企業命運的時刻，李嘉誠毫不猶豫地站到了風口浪尖。在他的倡議和牽頭下，數百家塑膠廠商入股組建了聯合塑膠原料公司。原先單個塑膠廠商無法直接由國外進口塑膠原料，是因為購買量太小，現在由聯合塑膠原料公司出面，需求量比進口商還大，因此可以直接交易。所購進的原料，按實價分配給股東廠商。

在廠商的聯盟面前，進口商的壟斷不攻自破。籠罩全港塑膠業兩年之久的原料危機一下子結束了。

李嘉誠在救業大行動中，還將長江公司的十三萬磅原料以低於市場一半的價格救援停工待料的會員廠商。直接購入國外出口商的原料後，他又把長江本身的二十磅配額以原價轉讓給需求量較大的廠商。危難之中得到李嘉誠幫助的廠商達幾百家之多。李嘉誠因而被稱為香港塑膠業的「救世主」。

可見在別人危難時伸手援助，可以為自己建立更深厚的群眾基礎，贏得更多的朋友。

注重「感情投資」必然受益無窮

・進行感情投資不能急功近利

感情投資是一種長期行為，需要較長的時間才能結出果實。畢竟，人與人之間的理解與信賴需要一個過程。因此，感情投資貴在真誠持久，需要一點一滴地去累積。

王明輝是一家鞋業公司的總經理，他一直都非常關心職工的生活冷暖。

有一次，一位姓徐的工人的父親忠胃癌急需一筆醫療費。這對本來並不富裕的徐某來說無疑是雪上加霜。他六神無主地哭著找到了王明輝。

王明輝了解情況後，二話不說就讓會計預支二十萬元，並囑咐他不要有包袱，救人要緊。雖然事後徐某的父親因癌症轉移加重去世了，但徐某卻對王總經理感恩戴德。

後來，由於市場競爭激烈，王明輝的鞋業公司也不好過，只剩下空架子維持著。就在這時，徐某在新加坡的舅舅要來大陸投資開工廠，聽了外甥的介紹後，徐某的舅舅決定把錢投資給人品信得過的王明輝，並且還帶來了大批新式鞋款、成套設備和許多訂單。這樣，王明輝公司在外資的幫助下又起死回生，並越做越大，事業興隆。

・必須以心換心，以情動情

無論何時何地，感情總是人際關係交往中不可缺少的紐帶。人與人之間就是這樣，只有用真心才能換來真心。只要你投入真誠，就一定會獲得別人的信任和友誼。所以，在人際社交中，一定要高度重視感情的投入，因為每個人都有這種需要。

以心換心，以情動情這個法寶，古代的許多政治家都懂得。劉邦的「信而愛人」，唐太宗的「以誠信天下」，都是頗為高明的人際社交手段。每個人都需要別人的同情、尊重、理解和信任。如果你能夠注意這一點，並身體力行，那麼在交際場合就會出現親切、和諧、融洽的氣氛，你的人際關係必然大為改善。

總之，人是有情之靈物，人人都難逃脫一個「情」字。因此，在人際社交中，不可忽視平時對朋友、同事等身邊的感情投資。同時，人際社交要有長遠眼光，要注意有目標地長期投資感情。同時，進行感情投資，還必須慧眼識英雄，才不至於將心血花在那些中看不中用的庸才身上，白白浪費精力。

智慧錦囊：

俗話說「投之以桃，報之以李」「你敬我一尺，我敬你一丈」。在人際社交中進行感情投資，必然受益無窮。只有這樣，你的人際資源才會越來越富足。

尋找自己生命中的「貴人」

俗話說：「大樹底下好乘涼。」如果你能夠結識幾個「有分量」的人物，往往能夠改變你的一生。因此，尋找生命中的「貴人」，應該是人際社交最重要的目標之一。一旦你遇到了這樣一個人，並和他建立起了深厚的友誼，你的生活和事業都會順利得多。

尋找這樣的「貴人」需要有耐心，並需要極強的判斷力。你要清楚地做出判斷，什麼樣的人才是真正的「貴人」，什麼樣的人不值得結交。

古往今來很多有成就的人，大都善於尋找自己生命中的惡「貴人」。

唐朝有個商人姓竇，絕頂聰明，很會做生意。但一開始，他卻財力棉薄，難以施展賺錢本領。沒有辦法，他先從小處賺起，並且來到京城尋找機會。

他在京城四處逛蕩，尋求賺錢門路。某日來到郊外，卻見青山綠水，風景極美，有一座大宅院，房屋嚴整。一打聽，原來是一權要官宦的外宅。他來到宅院後花園牆外。但見一水塘，塘水清澈，直通小河，有水進，有水出，但因無人管理，顯得有點凌亂骯髒。竇公心想：生財路來了。水塘主人覺得那是塊不中用的田地，就以很低的價錢賣給了他。

竇公買到水塘，又湊借了些錢，請人把水塘砌成石岸，疏通了進出水道，種上蓮藕，放養上金魚，圍上籬笆，種上玫瑰。

第二年春，那名權要宦官休假在家，逛後花園時聞到花香，到後花園一看，直饞得他流口水。竇公知道魚兒上鉤了，立即將此地奉送。

透過買賣後花園，兩人便成了朋友。一天，竇公裝作無意地談起想到江南走走，宦官忙說：「我給您寫上幾封信，讓地方官吏多加照應。」

竇公帶了這幾封信，往來於幾個州縣，賤買貴賣，又有官府撐腰，沒出幾年便賺了大錢。而後又回到京城。

他久已看中了皇宮東南處一大片低窪地。那裡因地勢低窪，地價並不貴。竇公買到手之後，雇人從鄰近高地取土填平，然後又在上面建造館驛，專門接待外國商人，並極力模仿不同國度的不同房舍形式和招待方式。所以一建成，便顧客盈門，就連那些遣唐使們也

尋找自己生命中的「貴人」

樂意來往。同時他又發展出一條街來，多建妓館、賭場甚至雜耍場，這條街成了「長安第一遊樂街」，日夜遊人爆滿。沒出幾年，竇公賺的錢數已不計其數，成了海內首富。

所謂「貴人」，必然能在你的人生事業中達到關鍵性的作用。這樣的人，也許就在你的身邊，也許在你剛剛結識的朋友裡面，重要的是你要去發現、去尋找。如果你沒有這種觀念，那麼你的「貴人」永遠不會主動出現在你面前。

事實上，尋找到生命中的「貴人」並不是件容易的事情，需要有足夠的耐心。打個不太恰當的比喻，這有點像釣魚。一個善於放長線、釣大魚的人，看到大魚上鉤之後，總是不急著收線揚竿，把魚甩到岸上。他會按捺下心頭的喜悅，不慌不忙地收下線，然後慢慢地把魚拉近岸邊；一旦大魚掙扎，他就會放鬆釣線，讓魚游竄幾下，然後慢慢收釣。如此一收一弛，待到大魚精疲力竭，無力掙扎時，才將牠拉近岸邊，用網子捕撈上岸。人情的操縱也是一樣，如果你追得太緊，別人反而會一口回絕你的請求，只有耐心等待，才會有成功的喜訊來臨。

只要讓人們的胃口感覺到餓，他們的欲望便會被勾起來，爭先恐後地到處找吃的。這種「吊胃口」的技巧，關鍵在於不讓對方感到滿足，使其欲罷不能。切記下鉤要慢，收鉤要緩，魚餌更不能讓魚兒吃夠吞飽。

智慧錦囊：

要想達到自己的目標，就必須刺激起對方的欲望，暗示只要能辦成事，好事就在後頭，並不時地給對方些甜頭，讓他相信你所說的並非是一句空口大話，於是，在你不斷的刺激下，他的欲望也就被挑了起來，這時就是你牽著他的鼻子走的時候了。

在人際社交中千萬不要吝嗇

在人際關係中，吝嗇無疑是一堵牆，這堵牆的唯一作用就是把別人的友誼擋在牆外。要想在社交中贏得友誼，就必須自己動手，把這堵牆拆除。

無論什麼時候，社會交往都要堅持互利互惠的原則，只想索取，不願付出，是無法在社交這個圈子裡生存下去的。吝嗇的人必然貪婪，這種人的思想往往是一個單向系統，只會想著自己的利益，從來不懂得什麼叫付出。

吝嗇就是這樣一種心態，不僅表現在財物方面的，還表現在情感方面。「惜金如命」「一毛不拔」都是吝嗇鬼的鮮活寫照，但這主要是指財物方面的吝嗇。而情感方面的吝嗇，是指只求別人關心自己、照顧自己，對別人的感受和困難卻漠不關心。

在人際社交中千萬不要吝嗇

不管是財物方面還是情感方面，吝嗇向來為人所不齒。所以沒有人願意與吝嗇的人來往。

一個米店老闆，有一次，他雇用了一個男孩。

到了該付薪水的時候，米店老闆對男孩說：「你必須到市集上給我找來兩件東西，一件是『啊』，另一件是『哇』。否則，你將拿不到薪水。」

小男孩聽了，心裡一怔。他邊走邊想，終於想出了一個辦法。他假裝到市場上去轉了一圈，回來時給老闆帶回小袋子，裡面裝了一些蠍子和蜈蚣，並對老闆說：「我把『啊』和『哇』都拿來了，你自己把手伸進口袋裡去拿吧！」

老闆非常驚訝，但還是把手伸進了口袋裡。蠍子和蜈蚣一起咬住老闆的手，他疼得慘叫了一聲：「啊！」男孩見了哈哈大笑起來，說：「裡面還有『哇』呢！你快拿吧！」老闆再也不敢伸手了，只好老老實實地把薪水給了那個小男孩。

在現實生活中，沒有人願意與那些吝嗇的人打交道。一般人與這類人接觸過一兩次之後，就肯定不願意再見到他們。不過，吝嗇也並不是生來就有的，它的形成是有一定內在原因的。

生命的存在和成長，需要吃喝穿住，所以必須有一定的物質基礎保障。人們對財物的需要，本來只是為了生存和發展，可是，有些人對財物有一種特別的嗜好。對他們來說，財富是越多越好，不是他的，他竭力追求，但一旦到了手，他又絕不會放手，該給別人的，也不願給。這就是吝嗇。說到底，吝嗇的人是因為把財富看得太重，覺得財富比其他一切都重要。但事實上，只要你看清了財富對於一個人的真正價值，你就會明白一切的。

很久以前，有一個聰明絕頂的聖人叫許由，住在深山裡，過著非常簡樸的生活。當時的帝王虞舜聽說他的大名，跑到山裡對許由說：「太陽出來了，就用不著火把了；天降甘霖了，池子裡的那點積水就沒有多大用處了；如今有您這位聖人，我這樣笨拙的人也就不應該占據帝王的位置了。許由先生，請您來做治理天下的統治者吧！」

許由聽後哈哈大笑，說：「我看不必吧。您的才能，足夠把天下治理得井井有條，讓老百姓日子過得很好。我看根本用不著我來做什麼事情。再說，做帝王對我有什麼用呢？難道我需要財富嗎？你看看河邊那些田鼠吧，滿河的水對牠有什麼用？牠只要把肚子喝飽就夠了。你再看看樹上那些鳥吧，那麼大的樹林對牠有什麼用呢？牠睡覺的時候只要有棲身的鳥窩就夠了。天下之大，對我許由又有什麼用呢？我每天只要有填飽肚子的糧食和一小塊用來居住的地盤就夠了。尊敬的帝王，您還是回去吧，不要再來打擾我了！」

就像許由說的一樣，人生在世，吃喝穿住，無論多麼富有，也只能用上那麼一點。

因此，財富雖然重要，但絕不要把它看得太重，它代替不了所有的東西。在與人相處的時候，斤斤計較，永遠不會贏得他人的好感。

當然，人在社會上生存應該具備必需的物質保障。但是，若過度地追求財富，那麼人生將永遠陷於功利之中。做人還是慷慨一些好，將心比心，你對別人慷慨付出，別人自然也會以同樣的方式來回報你。這就是人際社交的互動原則。

然而，所謂慷慨，並不是讓你鋪張浪費。實際上，在慷慨付出的同時，也應該適當節儉。兩者看起來似乎有些矛盾，其實不然。節儉的人是該花錢的時候花錢，不該花錢的時候不花錢，這是理性支出。而小氣卻不同，是處處吝嗇。小氣的另一面是喜歡沾光，沾別人的光。一個人的性格是很難改變的，但為了處世交友，不能不學點大方的竅門。

智慧錦囊：

有付出才有收穫，在人際社交中這一原則同樣適用。在他人需要幫助的時候，你卻吝嗇得一毛不拔，那麼當你有困難的時候，也一定不會得到他人的關心和幫助。當然，也許你的付出不會很快就能得到他人的認可，但是要堅信，只要你有一顆赤誠的心，你的付出就不會付諸東流的。

第九章　做事智慧：三思而行，策略制勝

做事的智慧，就是把事情做對、做好，避免出現南轅北轍和事倍功半的結果。

首先，要提高自己的認知水準。做事往往要受到知識、經驗、智力、經歷的影響。為把事情做對做好，自己要多充實，多向他人學習，多思考和多實踐以提高自己的判斷能力。

其次，要不斷利用已有的條件。做事的目標一旦確立，就要多動腦筋，就要充分利用有限的條件，全力以赴做與成功有關的事情。

做事要講策略，盲目行動只會壞事

有些人做事莽撞，有人認為這無傷大雅，魯莽的人反而被認為很可愛，其實這種觀點大錯特錯。

生性魯莽的人，雖然粗獷豪放，不拘小節，有一股大膽潑辣的氣勢、生龍活虎的朝氣和敢作敢為的幹勁，但也有性格急躁、行為莽撞、頭腦簡單、做事不計後果等缺點。於是，往往造成了一些可怕的悲劇。

三國時期的猛將張飛，為人雄壯威猛，有萬夫不擋之勇，「長坂坡上一聲吼」，被傳為美談，只可惜他的死，卻實在是冤枉。

二哥關羽被東吳殺害之後，張飛急於報殺兄之仇，雪殺兄之恨，下令三軍，三天內製成白盔白甲數萬，掛孝伐吳。令下次日，末將范疆、張達稟報，部下白錦等物不湊手，三日完成確有困難，請求寬限時辰，張飛非但不聽，還大怒道：「汝安敢違我將令！」喝令將其二將捆綁於樹，鞭打五十軍棍從事。並命令二人：「三日內具要完備，倘若違令，拿汝二人頭示眾！」

范、張二人被張飛逼得忍無可忍，已經走到了絕路。兩個人合謀說：「被其逼死，不如讓其先死。」當夜，他們在張飛在酒後熟睡之時，下手殺死了他。張飛的人頭也被張達、范疆帶著順流而下，投奔孫權。

張飛身經百戰，南征北戰，英勇無敵，但血未灑疆場，卻被兩個部下所殺。其原因就在於他做事太魯莽，從不考慮後果。

一個做事穩重、老到的人，在處理問題時，一定會思前想後，把各種條件、後果都考慮進去之後，再決定怎麼做。特別是一個領導者，在下達每一個命令之前，都應該經過慎重的考慮。但張飛不是這樣，他做事往往不分青紅皂白，一味地魯莽行事。自己想怎麼做就怎麼做，也不管客觀條件允許不允許。

結果，在製作白盔白甲這件事上，他就對下屬下達了一個根本無法辦到的命令，又以殺頭相逼，逼得下級走到了絕路，從而最終葬送了自己的性命！

所以說，張飛之死，就是死在了魯莽上。做事的魯莽、簡單化，正是置他於死地的元凶。正如明代呂坤之言：「亡我者，我也；人不自亡，誰能亡自？」可見，魯莽是做事的大忌，乃至理名言。所以，當我們在魯莽行事時，先最好問一問自己：是否也要重蹈張飛的覆轍？

大凡魯莽之人都有一個最明顯的特徵，那就是頭腦簡單，遇事不思考，只憑一股衝勁就做起來。實際表明，像這種只看到一點成功的可能性就冒失行事，想靠「猛砍三板斧」就打開通路的人，在學習和工作中難免跌跤。

做事要講策略，盲目行動只會壞事

周先生經營一家餐館，生意很興隆。一天，朋友來吃飯，看看他的食譜說：「你這菜太普通，太單一，應該增加點別的特色。」

他覺得有道理，問朋友：「你認為該增加些什麼呢？」

朋友說：「可以增加一些米粉，現在很多人都喜歡吃。」

他沒經過市場調查，便購買了大量的米粉，這期間又有人建議他做蒟蒻，他又買來了很多蒟蒻，還特意請了兩位有此專長的師傅。

然而，當周先生把重點移到了米粉和蒟蒻的經營之後，顧客反而更少了，很快，餐館的營業額直線下降，儲存的食物過期的過期、發黴的發黴，而員工的薪資也有減無增。

如此不久，餐館便面臨倒閉。

周先生的失敗在於，他做事太魯莽，不周詳考慮就馬上行動，結果孤注一擲，冒了不該冒的險。缺乏思考的行為就像賭徒將最後一條命壓上賭桌，結果可能輸得連什麼都沒有。

因此，做事魯莽者一定要學會「多思」和「慎行」，在做每一件事之前，一定要從多角度去觀察和分析，考慮到多個因素，在頭腦裡多轉幾個彎，多問幾個為什麼，避免魯

做事要講策略，盲目行動只會壞事

莽行事。同時，在決定做一件事時，還要加強研究和論證，要有足夠的掌握再行動。

做事魯莽的人，特別容易興奮和衝動，而衝動一起，往往也隨之表現為急躁、輕率和冒失。因此，要加強自制力的訓練，學會抑制衝動和任性，不要由著性子行事。

為了改掉做事魯莽的毛病，我們在日常生活中要注意從小事做起，一點一滴培養自己行為的謹慎性。例如：在平時的學習、工作和生活中，做事要表現出有耐心，要講究計畫性和條理性。在書桌、房間裡可多寫一些諸如「膽大心細、遇事不慌」「三思而後行」之類的座右銘來提醒自己；在做事之前，不妨先問一問自己：認真考慮過沒有？有沒有把握？有沒有犯莽撞冒失的老毛病等。

事實證明，注意這些「小事」，對於克服魯莽的性格，裨益當不在小。

智慧錦囊：

人們的過失大部分是由於做事莽撞、不計後果而造成的。特別是年輕人血氣方剛，更易喪失理智，感情用事。所以，做事之前三思未嘗不是一件好事。尤其是年輕人、愛衝動的人，更應做到三思而後行！如果養成習慣，久而久之，自己的反應能力及分析問題、解決問題的能力就能很快提高了。

只有運籌帷幄，才能決勝千里

做事的第一步，就是要制訂一套詳細可行的計畫。

制訂計畫是實現目標的最偉大的助手和參謀。否則，如果事先沒有制訂一個完整而精密的計畫，那麼當出現意外情況時，將無法應對，必然會形成一種「狗咬刺蝟」的場景。所做的事情不但會半途而廢，而且會浪費大量的時間和精力。

可見，迅速行動固然重要，但在此基礎上制訂一些計畫也同樣重要。有了計畫才能處變不驚，也可以使我們不因事物的變化而白白浪費時間。

對一名員工來說，制訂計畫的週期可定為一個月，但應將工作計畫分解為週計畫與日計畫。每個工作日結束的前半個小時，應先盤點一下當天計畫的完成情況，並整理一下第二天計畫內容的工作思路與方法。

聰明的員工會盡力完成當天的工作，因為當天完不成的工作將不得不延遲到第二天完成。這樣必將影響第二天乃至當月的整個工作計畫，從而陷入明日復明日的被動局面。

在制訂日計畫的時候，必須考慮計畫的彈性。我們在制訂計畫的時候，不能將計畫制訂在能力所能達到的百分之百，而應該制訂在能力所能達到的百分之八十。這是因為我們每天都會遇到一些意想不到的情況。如果你每天的計畫都是百分之百，那麼，在你完成臨時任務時，就必然會擠占你已制訂好的工作計畫，原計畫就不得不拖期了。一旦計畫無法完成，也就失去了計畫本身的意義，久而久之，你的計畫也就失去了嚴肅性。

好的工作計畫，還應該將工作分類。分類時主要遵循輕重緩急原則，當然還要考慮時間因素。很多員工會忽略時間的要求，只看重任務的重要性，這樣理解是片面的。

只有運籌帷幄，才能決勝千里

一位著名的商界菁英，工作效率奇高，他是怎樣做到這一點的呢？

原來，在每天上班做的第一件事，就是把當天的工作分為三類：

第一類是所有能夠帶來新生意、增加營業額的工作；第二類是為了維持現有狀態，或使現有狀態能夠持續下去的一切工作；第三類包括必須去做、但對企業利潤沒有任何價值的一切工作。

他是怎麼對待這三類工作的呢？那就是，在完成第一類工作之前，他絕不會開始第二類工作；在完成第二類工作之前，他也絕不會著手進行第三類工作。

此外，他還要求自己：「你必須堅持養成一種習慣：任何一件事都必須在規定好的幾分鐘、一天或一星期內完成，每件事都必須有個期限。如果堅持這麼做，你就會努力趕上期限，而不是無休止地拖下去。」

這位商界菁英的工作計畫中，很重要的一點就是，在規定的時間內完成工作。所以，要想提高自己的能力，決勝千里，我們就要時刻關心時間與素養，並盡可能提前完成工作。

因為，任何事情都難免出現意外。當應該提交的任務與臨時的事項相衝突時，就會陷入魚與熊掌不可兼得的被動狀態，這與計畫的彈性原則是同一個道理。一個能每次按期完成工作任務的員工，即使不加班，即使並不顯得忙碌，也會讓主管覺得你是一個讓人很放心的人，而不是一個需要天天被追問工作進度如何的人。

智慧錦囊：

世事如棋，變幻莫測；人生如棋，變幻無常。計畫是應對變化的，棋觀三步，人生又豈可不多備後手？擁有計畫，就不至於浪費時間，也可以隨機應變。如果你計畫中已經考慮到一切可能出現的問題，並且擬訂好了應對措施，那麼你就一定能做到處變不驚，應對自如。

貴在落實，嚴格按照計畫去做事

生活中有這樣一群人，他們在一生中，列出了無數個雄偉的計畫，而且每個計畫都那麼激動人心，如果真的能夠實現這些計畫，那麼他的人生必然是豐富而多彩的。但遺憾的是，這些人把計畫做好之後，執行了一段時間，遇到了一些困難，便半途而廢，重

貴在落實，嚴格按照計畫去做事

新去準備另外一個計畫；或者乾脆就不執行，便把原計畫束之高閣。

於是，年復一年，這些人的大好年華都浪費在了無休止的計畫當中。

和這些善於制訂計畫的人交往，人們可能會被他們表面的雄心壯志所迷惑，老闆也會認為他們是難得的棟梁之才。而事實上，他們眼高手低，大部分時間都沉浸在自己宏偉的夢想中，長此以往，他們不能也不會做出什麼成就，曾經的雄心壯志難免會變成同事們茶餘飯後的玩笑。除非他們幡然悔悟、奮起直追，否則，等待他們的往往是慢慢沉淪，或者跳到其他的公司去繼續發牢騷，即使這樣，同樣的悲劇也難免再次上演。

小蓓畢業於某國立大學外文系，她一心想進入大型的外商企業，最後卻不得不到了一家成立不到半年的小公司「棲身」。心高氣傲的小蓓根本沒把這家小公司放在眼裡，她想利用試用期「騎馬找馬」。

在小蓓看來，這裡的一切都不順眼——不修邊幅的老闆，不完善的管理制度，土裡土氣的同事……自己夢想中的工作可完全不是這樣啊。

就這樣，小蓓天天抱怨老闆和同事，雙眉不展、牢騷不停，而實際的工作卻常常是能拖則拖，能躲就躲，因為這些「芝麻綠豆的小事」根本就不在她的思考範圍之內，她夢想中的工作應該是一言定千金的那種。

試用期很快就過去了，老闆認真地對她說：「我們認為，你確實是個人才，但既然你對我們的小公司這麼不滿意，我們也沒有理由挽留你。對不起，請你另謀高就吧！」

被辭退的小蓓這時才清醒過來，當初自己應聘到這家公司也是費了不少功夫的，而且，就眼前的就業形勢而言，再找一份像這樣的工作也很困難啊！初次工作就以「翻船」而告終，這讓小蓓萬分失望與後悔。可一切都已晚矣！

有些員工則與小蓓等人不同，他們也有很美好的夢想，但他們不會每天都深陷於幻想中難以自拔。他們會制訂好切實可行的計畫，從現在的工作做起，從一點一滴的小事做起，並毫不鬆懈地堅持下去。

就這樣，他們一步步地默默努力著，終於有一天，他們晉升成為公司的菁英，所有人都不禁會大吃一驚，但仔細回想，這一切其實純屬正常，畢竟天助自助者。夢想對於他們，已經變成了活生生的現實。

大學一畢業，麗莎就順利地進入了一家跨國公司。上班的第一天，她就發誓自己要成為公司裡的不可或缺的人之一。

麗莎這樣想著，也按這樣的想法一步一步去做。她在公司從事的是文件管理工作，資源管理專業出身的她很快就發現了公司在這方面存在的弊端。她開始連夜加班，大量

貴在落實，嚴格按照計畫去做事

查閱資料，運用所學的理論知識寫出一份系統的解決方案，並將公司內部工作運行流程、市場行銷方式以及後勤事務的規範，也整理出一套完整的方案，然後一併發到行政經理的電子信箱中。

沒過幾天，行政經理就請她到公司的餐廳喝咖啡，離開時語重心長地拍了拍她的肩頭：「公司對勤奮的人，向來是給予足夠的空間施展才華的，好好努力吧！」

麗莎看到自己的心血終於得到了認可，工作就更加努力了。公司想競標一個大標案，同事們整天翻案例找朋友，忙得焦頭爛額。麗莎白天做自己分內的工作，晚上卻通宵不眠熬紅了眼做簡報。經過一番辛苦，麗莎終於在競標前一天把自己的簡報交了上去。競標的當天，各種簡報一下子被否決掉了好幾份，公司高層開始緊張，決定試試麗莎的簡報。這一試就讓麗莎為公司立下了汗馬功勞。

第二天，消息就傳遍了整個公司，大家都知道了有個叫麗莎的人不簡單。

一個月之後，公司人事大調整，原來的部門經理調去了別的部門，新來的行政任命文件上赫然印著麗莎的名字。在同事們羨慕的眼光裡，麗莎收拾好自己的東西，邁著悠閒的腳步走進了那間漂亮得有點離譜的辦公室。

想一想你周圍的人們，像小蓓或者麗莎這樣兩種截然不同的人應該不在少數。也許你會對那些剛開始豪情萬丈的人充滿由衷的嚮往，忍不住在心中勾畫起自己的藍圖來。

這樣做是沒有錯，每個人都應該有自己的理想，但理想一定要切合實際，更重要的是，你要做好行動的計畫和準備，要透過自己的努力實現理想。

畢竟，每個人來公司都是要做一些事情的，只有空想是不行的，如果每天都沉浸在自己的夢想中，以致耽誤了正常的工作，到最後就只能是想做的還做不到，該做的又不去做，老闆會繼續用你嗎？同事們會視而不見，毫無怨言嗎？

智慧錦囊：
千里之行始於足下，只有辛勤耕耘才會有所收穫。再宏偉的夢想，也經不住只說不做。要想成就大事，就要從小事做起。

低調做人，高調做事

做人處世的態度是從古至今人們爭論的一大熱門話題，很多人都認為，做人應該高調些，處處都要爭著表功請賞，這樣才能被他人注意，得到更多的機會。另一些人則認為，做人應該低調些，不管遇到任何事，都不要過於興奮地面對，在處理事情前，要先做好最壞的打算。而且，無論在哪方面，都不能太突出，平凡、簡單才是最好的。這

低調做人，高調做事

兩種觀點各有利弊，能中和這兩種處世態度則是最好的為人處世之道，這就是「低調做人，高調做事」。

要做事先要學會做人，而人品要靠做事來展現。

有一對漁民爺孫在一個風和日麗的日子出海打魚。

大海深處，爺爺教孫子如何使舵，如何下網，如何根據海水顏色的變化辨識魚群。可是天有不測風雲，大海的脾氣也讓人捉摸不透。剛剛還晴空萬里，風平浪靜，突然間就狂風大作，巨浪濤天，幾乎要把漁船掀翻，連爺爺這個老水手都措手不及吃力地掌著舵，同時以命令的口氣大喊：「快拿斧頭把桅杆砍斷，快！」孫子不敢怠慢，用盡力氣砍斷了桅杆。

沒有桅杆的小船在海上漂著，直漂到大海重新恢復平靜，爺孫倆才用手搖著櫓返航。途中，由於沒有桅杆，無法升航，船前進得很緩慢。孫子問爺爺：「為什麼要砍斷桅杆？」爺爺說：「帆船前進靠帆，升帆靠桅杆，桅杆是帆船前進動力的支柱。但是，由於高高豎立的桅杆使船的重心上移，削弱了船的穩定性，一旦遭遇風暴，就有傾覆的危險，桅杆又成了災難的禍端。所以，砍斷桅杆是為了降低重心，保持穩定，保住人的生命，人是最重要的。」

後來，孫子離開了漁村進入了大城市生活、工作，他把爺爺的話記在了心裡，那次歷險的經歷也在他心裡扎下了根。他的工作非常出色，得到了大家的擁護，一再升遷。他說：「做事就像揚帆出海，必須高起點、高標準、高效率，就像高高的桅杆上鼓滿風帆一樣；做人則要腳踏實地，無論取得多大的成績，尾巴也不能翹到天上，無論地位多麼顯赫，也不能凌駕於他人之上，否則就會失去民心，失去做人的本分，終將傾覆於眾人的汪洋大海之中。」

桅杆能影響航行速度，但只有船身才是航行的基礎，沒有船，再高的桅杆也無濟於事。我們為人處世也一樣，做事再有能力，如果在做人上出了問題，事業也不會成功。做事先做人，是因為人格在空間上決定了做事的空間；做人先做事，是因為人的各種素養，只能在做事中才能形成；人的本質，只能在做事中才能展開；人的潛能，只能在做事中才能開發；人的能力，只有在做事中才能發揮；人的成就，只能在做事中才能取得；人的夢想，只有在做事中才能實現。做事即做人，做人即做事，是因為做事和做人二者是內在統一的，沒有先後之分。沒有先後之分，並非沒有高下之別。做人是主導，做事是基礎。沒有做事，做人沒有根基；做事是我們立身成人之本。我們懂得做事，就永遠有可以付出的資本。做事越多，付出越多，收穫越大；懶惰越多，收穫越小。人生就是由這樣一種慣性趨勢操縱著，我們用什麼樣的態度對待做事，這種慣性趨勢就會像滾雪球似的，越滾越大。只要我們養成做事的習慣，我們就會擁有越來越多貢獻社會、造福社會的資本。

不可否認，低調往往會讓別人忽略你的重要性以及你的能力和才華，但是你要堅信「是金子總會發光」的真理。事實上，低調做人，你的生活和世界會因此平靜許多，給你一個相當安寧的處世環境。低調地處理別人和自己的關係，也會給別人一種謙虛的感覺，這樣你會獲得良好的人緣，更加有利於你能力的發揮。當然，事情沒有絕對，太過低調，會把自己埋沒在眾人的眼下，也會讓人家覺得你很做作，裝清高。低調不等於卑微，低調不等於沉默，低調也不是假深沉，低調更不是故弄玄虛。低調的人，能夠隱忍不發，累積力量，在最值得出手的時候出手，一擊即中，旋即又恢復平靜。低調是有自己的步調，有自己的節奏，沉穩卻有力量！而你將怎樣在關鍵的時刻，一鳴驚人；怎樣給別人留下一種既謙虛又有威信的印象，這就又涉及一個處世哲學：高調做事。

美國前任總統小布希（Bush Junior）是一個善於「低調做人，高調做事」的人。小布希出身名門望族，其父曾任美國總統，在美國屬於名副其實的特權階層。然而，小布希在競選時，對此卻絲毫沒有提及，他甚至不願提他在耶魯受過教育。不僅如此，他在發表競選演說時，竟用他的家鄉話來演講，絲毫沒有一個貴族的架子。以至於人們稱小布希「就像一個加油站修車的憨厚的小夥計」（美國人修車常受騙。也許正因為如此，夥計憨厚就顯得特別重要）。

很多人嘲笑小布希無知，不知道利用自身的優越性來幫助自己。殊不知，正是因為他為人低調，才使他在競選中擊敗了競爭對手戈爾。因為在選民看來，低調的小布希就像是大家中的一分子，笨頭笨腦沒有壞心眼，所以對他很信任。而他的對手戈爾則懂得太多，老想教你點什麼。腦筋太聰明就難免投機取巧。於是大家對他既不喜歡，又不信任。一位美國老太太說：「我是不會從戈爾這樣的人手中買東西的，所以他當總統我同樣信不過。」

高調做事是自信的表現，也是我們做事應有的態度。高調，不是喊著口號讓別人都知道你要做什麼，而是你對自己所做的事情要看得透徹，掌握根源和關鍵，把事情漂亮地完成。我們需要明白的是，世上沒有做不成的事，只有做不成事的人。高調意味著無論面對什麼事情，都要有積極和自信的心態。好的心態和態度是做好事情的最重要因素。一個真正想成就一番事業的人，志存高遠，不會為一時的成敗所困擾，而對挫折，必然會奮發圖強，去實現自己的理想，成就功業，這是一種積極的人生態度。做事不要為名利，一個淡泊名利的人不是消極避世，而是積極地面對這個世界，默默地、扎實地改變身邊的世界。

智慧錦囊：

高調做事是一種境界，是做事的尺度。高調做事不僅可以激發人的志氣和潛能，而且可以提升做人的素養和層次。高調做事絕對不等於「我盡自己最大努力」去做事，而是應該有一個既定的目標。一個人只有有了目標，才有可能全身心地投入，其成事必然順理成章，其人生必然恢弘瑰麗。古人云：「欲成事先成人。」這也是一生做人做事的準則。低調做人，高調做事，少說話多做事，勤於思，敏於行。

解決問題，才能獲得機遇

成功和機遇不會憑空得來，而要靠積極的行動去創造。一個無名小卒若想獲得成功，就要多花一些心思，多一些努力。但如果他等著別人用銀盤子把機會送到他面前，那他只有失望的份。應該牢記，良好的機會要靠自己去創造。

日本獅王牙刷公司的職員加騰信三為了趕去上工，匆匆刷牙，結果由於用力過猛，牙齦被刷出許多血來。他怒氣沖沖，在上班的路上仍是一肚子的牢騷和不滿。

在心頭火氣平息下去後，他便和幾個要好的同事提及此事，並相約一同設法解決刷牙容易傷及牙齦的問題。

他們想了很多解決牙齦出血的方案，諸如：牙刷毛改為柔軟的狸毛；刷牙前先用熱水把牙刷泡軟；多用些牙膏，慢慢地刷牙……但效果都不太理想。

他們進一步仔細檢查牙刷毛，在放大鏡底下，他們發現刷牙毛的頂端並不是尖的，而是四方形的。加騰信三想：「把它改成圓形的不就行了！」於是他們著手進行改進。

經過實驗，取得實效後，他們正式向公司提出了這項改變牙刷毛形狀的建議。公司很樂意改進自己的產品，欣然把牙刷毛的頂端全部改為了圓形。

改進後的獅王牌牙刷在廣告媒介的作用下，銷路極好，連續暢銷十多年之久，銷售量占全國同類產品的百分之三十～百分之四十。加騰信三也由普通員工晉升為主管，十幾年後成為了公司的董事長。

在一定意義上可以這樣說，沒有問題，也就沒有機遇。刷牙時會導致牙齦出血的問題也許很多人都遇到過，但卻很少有人去想如何解決這個問題，所以機遇不屬於他們。加騰信三既發現了問題，又設法解決了問題，牙刷不好的問題對他來說，就是一個機遇。

有一位學習聲樂的大學生剛剛畢業，就被分配到某企業的工會做宣傳工作。剛一開始，他很苦惱，認為自己的所學的專業與工作不同，他害怕在這裡長期做下去會把自己的專業給荒廢了。於是他四處活動，想調到一個適合自己發展的環境中去。可是，幾經折騰，終未成功。

之後，他便死心塌地地安守在這個工作職位上，併發誓要改變「英雄無用武之地」的狀況。他找到商鋪工會主席，提出了自己要為商鋪籌建樂隊的計畫。正好這個商鋪剛從低谷走出來，轉虧為盈，正向高潮發展，也想大張旗鼓地宣傳商鋪形象，提高產品的知名度，就欣然同意了他的計畫。

這回他充滿幹勁，跑基層、找人才、買器具、設舞臺、辦培訓，不出半年，就使樂隊初具規模。兩年以後，這個商鋪樂團的演奏水準已威震江湖，堪與專業樂團媲美，而他自己也成了江湖中知名度較高的樂隊管事。

解決問題，才能獲得機遇

有沒有機會，能否得到機會，關鍵看你是以何種態度、以何種角度對待身邊的機會。亞歷山大在攻城取得勝利後，有下屬問他，是否等待機會來到，再去進攻另一個城市？

亞歷山大聽了這話，大發雷霆：「你認為機會會自己來找我們？機會是我們自己創造出來的！」

可見，創造機會才是成就亞歷山大偉大成就的原因。唯有善於創造機會的人，才能建立轟轟烈烈的偉業。

鋼鐵大王安德魯．卡內基（Andrew Carnegie）曾說過：「機會是自己努力造成的，任何人都有機會，只是有些人善於創造機會罷了！」透過自己的努力，他完全改變了自己所處的環境，化劣勢為優勢，不但開闢出了自己施展才能的用武之地，而且培養了自己當上司的才能，為他以後尋求更大的發展空間奠定了堅實的基礎。

智慧錦囊：

但凡成功者，都是善於創造機會的人。他們在有機會時抓住機會，沒有機會時就去創造機會。機會是成功的跳板，聰明的人不是等待「好心人」送來機會，而是主動撲向機會，再從機會中打撈自己想要的「黃金」。然而，等待機遇並不是一個被動的過程，它需要積極的準備，需要主動出擊。如果一個員工不主動用行動去創造機會，那就沒有成功的可能。

你越是畏懼困難，困難就越是找你麻煩

我們常常會遇到這種情況，某一困難像山一樣擺在你的面前，要克服它，似乎完全不可能。於是，一種說不出的恐懼不請自來，你可能很快就屈服了……

這時候，你不妨向那些強者學習。

那麼，強者成功的祕訣又是什麼？為什麼當其他人被困難征服的時候，他們能夠繼續生存？大多數人失敗的時候，他們卻可以成功？別人意氣消沉的時候，他們卻神采飛揚，意氣風發？

答案非常簡單，強者成功的關鍵在於他們處理問題時所採取的態度。勝利者永不消極退縮，他們能夠正視問題，掌握要點，積極謀求解決之道，如果你能夠認識問題的本質，採取正確的態度，你也一定能夠成為勝利者。那麼就從現在開始，當我們再面臨困難時，也用積極的態度去面對，掃除頭腦中消極的想法，摒棄對失敗的恐懼心理吧。

要相信自己，無所不能，你是這個社會中最出色的一員，每天給自己打氣，對鏡子說：沒有人比我更優秀。在遇到困難打退堂鼓的時候，告訴自己別人做不到的事情自己能做到，沒有人比你更突出，你是最厲害的，沒有任何困難可以嚇倒你。

從一座高山上，一條小河傾瀉而下，它穿過很多村莊與森林，最後來到了沙漠。

這時，小河想：「我一路克服艱難險阻，這次也肯定能過去！」但當它準備穿越的時候，卻發現河水在泥沙中漸漸地乾涸了，它反覆嘗試，但總是無濟於事，於是它洩氣了：「也許這是命中注定吧，我注定與寬闊的大海無緣。」它氣餒地自言自語道。這時，一陣低沉的聲音在四周響起了：「既然微風可以穿越沙漠，那麼你也能做到。」

後來，小河才知道，這是沙漠在說話。聽到這話，它很不服氣地說：「微風可以飛過沙漠，但我又不會飛，肯定不行。」

「因為你總不相信自己，所以你永遠不會成功。你必須借助微風的力量，才能穿越沙漠，達到目的。只要你認為你能做到，在微風中蒸發，你就可以穿越沙漠。」沙漠意味深長地說道。

對這種事情，小河想都沒想過，於是就急忙說：「在微風中消失？我可以嗎？我不要！」

因為小河從沒想過自己可以穿越沙漠，所以對於沙漠的建議很難接受，「在微風中消失，那不就是要自我滅亡嗎？我能做到嗎？我為什麼要相信你啊？」小河問道。「因為含有水汽的微風可以飄過沙漠，等到了其他地方，這些水汽就會被釋放出來，變成雨水。然後，雨水會聚成河流，就會繼續前行啊。」沙漠耐心地說道。

你越是畏懼困難，困難就越是找你麻煩

「那我還能跟以前一樣嗎？」小河又問。「這要取決於看問題的角度，可能一樣，也可能不一樣。」沙漠說，「但不管你是小河，還是無色無味的水蒸氣，你的本質並沒有發生變化。你之所以讓自己執著於一條小河，是因為你沒有認識到自己的本質構成。」

聽了沙漠的話，小河不知不覺地想起了自己在變成河流之前時，好像也是隨著微風到處飛，然後遇到了高山，就變成了雨水，降落人間，才成了今天的小河。

想到這裡，小河就鼓起勇氣，勇敢地投入了微風的懷抱，跟著微風，開始了生命中新的旅程。

其實，生命也像一條河流，若想越過重重障礙，達到自己的目的，就要相信自己，相信自己能實現一切可能實現的願望。但反之，你若畏首畏尾，在困難面前顫抖，那麼困難會越加猖狂，變本加厲地折磨你。

要知道，恐懼是最能折磨人、消磨人意志的情緒之一。無論是突然遭遇的驚恐，還是長期慢性的憂懼都會嚴重挫傷積極性。當與困難對抗時，恐懼心理往往會壓抑人們的積極性，在恐懼的陰影下，人們就會妄自菲薄，自卑地認為自己不具備解決難題的能力。接踵而至的情形是：喪失了自信心。

然而，積極樂觀、勇於向現實挑戰的心態，是人類所擁有的最具威力的力量之一。

它能幫助人們攻無不克，戰無不勝。要想獲得這種心態，你必須專注於長期的目標設置和計畫，心無旁騖地朝著你渴望的成功前進。你的思想指導和駕馭著你的行動，而行動又決定著你的命運。所以，你一定要從積極的方面思考問題，賦予自己勇於向現實挑戰的決心和勇氣，然後你才能夠無所畏懼地面對人生路上的一切挑戰。

智慧錦囊：

要將你的精力放在具體的工作中，而不是用在焦慮和著急上。事實往往是，在你心煩氣躁時，你的創造力已經死去，你內心的想像也將停滯不前，你已經被困難嚇倒，哪裡還有解決問題的能力？因此，請記住那句話：「假如一個人不是超過他的能力而工作，那說明他還沒有最大限度發揮自己的潛力。」

不斷嘗試，失敗就會逐漸遠離你

成功者的準則是，失敗後，不妨再嘗試一次。

即使是再偉大的人物，也不敢說自己不曾失敗過。正因為有無數次的失敗，才累積了無數的經驗。只有經歷失敗，人才會成長，最後把偉大的信念深植於內心，而完成偉大的業績。這就是我們常說的：「失敗為成功之母。」

因此，不管是失敗還是陷入困境，最大的問題是自己是否能勇敢地承擔失敗的責任。如果不肯承認失敗，那就不會有什麼進步。

如果因為失敗而對社會不滿，抱怨他人，那只會使自己永遠處在失敗和不幸中。

很多成功人士透露，他們取得巨大的成功，因為他們有了跨越挫折的經歷。失敗是一個具有強烈諷刺感的狡詐的魔鬼，當成功差不多就要到來時，它總是不斷地阻止成功的出現。

因此，任何一個有成功意識的人，都應該知道，在困難出現的時候，就是成功即將來臨的時候。只有正視它，你才能戰勝它。

不斷嘗試，失敗就會逐漸遠離你

李靜玫是一位保險推銷員，有一次她向一家企業的老闆推銷保險。她一連拜訪了這位老闆幾次，都遭到了拒絕。

最後，老闆乾脆毫不客氣地說：「李小姐，你這麼年輕、漂亮，又有高學歷，做什麼不好？偏偏要做保險。我就沒發現保險有什麼好的，反正我是不買保險！」

遇到這樣的困難，應該就此放棄嗎？李靜玫思前想後，決定再嘗試一次。

她換了一種方法，再次拜訪了這位老闆。一見面，她就滿面笑容地對老闆說：「您上次說的話真是太對了，簡直說到我的心上去了。」

老闆有些發呆：「明明是我不想買保險拒絕你才那麼說的，怎麼說說得太對了呢？」

李靜玫繼續說：「您說得很對，我還年輕，長得也不算難看，又有高學歷。怎麼跑到保險這一行業裡來了呢？其實我是朋友介紹到這一行業裡來的。做了一段時間，正在矛盾。既然你提到做保險沒什麼好的，那太好了，我想請您幫我總結一下，做保險到底有什麼不好？我也好下定決心離開這個行業。」緊接著，她就拿出一個本子來開始記錄。

一見她這麼懇切，老闆就開始講述保險不好的地方來了，一共說了四條。四條過後，就再也講不出來了。同時看到這麼可愛的女孩站在自己面前，也覺得不應該太過分。於是，便說了一句：「當然，保險也不是一無是處，也有它好的一面……」

李靜玫等的就是這一句話，立即「打蛇隨棍上」，問道：「我知道您是學經濟的，關於保險的好處，想必也有高明的見解吧？」

於是，老闆又開始總結起保險的好處來了。李靜玫又擅長引導，老闆不知不覺就越談越開心，總結保險的好處越來越多。

當談到一定程度時，李靜玫笑著說：「謝謝您的總結。您看，您現在總結保險的好處有七條，壞處有四條。您看，我應不應該選擇這個行業呢？」

不斷嘗試，失敗就會逐漸遠離你

老闆一愣，隨即哈哈大笑：「好吧，我本來對保險是有很大抵觸的，但是經你這麼一說，我就下定決心投保了！」於是，李靜玫終於簽下了平生最大一筆保單。

李靜玫正是透過不斷嘗試，在失敗與碰壁面前毫不退縮最後才取得了勝利。生活中，我們之所以沒有成功，就是因為我們在奮鬥的過程中少了這一道「程序」。

通常，人們一遇到困難，便心生畏懼，不知所措。在這時就應發揮超於平常的智慧和努力去克服它，經過了這個階段，才能成長，也才有向前邁進的機會。

面對困難，就要考慮該如何解決。當然解決困難的方法有很多，但最重要的就是認清事情的真相，冷靜地去思考引起困難的真正原因。這時，你可能會發現自己才是引起困難的主要的原因。所以，如果自己有做錯、疏忽或思考不夠周密的地方，就要坦白地自我反省，加以改正，如此便容易處理困難，也才會把這種體驗牢記在心。

在困難面前，沒有人是注定要失敗的，只要站起來比倒下去多一次就是成功。

有些人遭遇失敗便從此一蹶不振，有些人雖敗猶能鼓足勇氣。遭遇了失敗，從此放棄，或者沮喪頹廢，這樣的人是最慘的，而世上最多的就是這一種人。他們遭遇了打擊，便開始絕望，不肯再嘗試了。其實他們所謂的打擊，事實上並沒有那麼嚴重。

倒下了能再站起來，或者被人打倒而不認輸的人，雖敗猶榮。人總歸是人，有時我們會一路錯下去，可是一旦我們振作起來，便不再算作失敗。

智慧錦囊：

無論做什麼事，一開始都會遭遇失敗。但失敗並不可怕，可怕的是喪失繼續嘗試的勇氣。我們應當記住，許多人在世人眼中是失敗者，而最後卻成為了勝利者。其實，世間本無所謂失敗，只要我們肯再試一試！如果我們喪失了再試一次的勇氣，那麼才是真正的失敗者！

電子書購買

國家圖書館出版品預行編目資料

0.5 倍速的生活：人生何須快進？放慢速度，悠然享受身邊的風景才是生活！ / 子陽，傅世菱著 . -- 第一版 . -- 臺北市：崧燁文化事業有限公司, 2022.07
面； 公分
POD 版
ISBN 978-626-332-514-2(平裝)
1.CST: 人生哲學 2.CST: 修身
191.9　　111010119

0.5 倍速的生活：人生何須快進？放慢速度，悠然享受身邊的風景才是生活！

臉書

作　　者：子陽，傅世菱
發 行 人：黃振庭
出 版 者：崧燁文化事業有限公司
發 行 者：崧燁文化事業有限公司
E-mail：sonbookservice@gmail.com
粉 絲 頁：https://www.facebook.com/sonbookss/
網　　址：https://sonbook.net/
地　　址：台北市中正區重慶南路一段六十一號八樓 815 室
Rm. 815, 8F., No.61, Sec. 1, Chongqing S. Rd., Zhongzheng Dist., Taipei City 100, Taiwan
電　　話：(02) 2370-3310　　　傳　　真：(02) 2388-1990
印　　刷：京峯彩色印刷有限公司（京峰數位）
律師顧問：廣華律師事務所 張珮琦律師

定　　價：375 元
發行日期：2022 年 07 月第一版
◎本書以 POD 印製